Quand la séparation donne des ailes

Infographie : Chantal Landry
Révision : Sylvain Trudel
Correction : Odile Dallaserra
et Lucie Desaulniers

Illustrations intérieures : 5, 15, 53, 85, 111, 153, 179, 211, 247 Shutterstock.com/Natalia Alexeeva ; 9, 11, 17, 55, 87, 113, 155, 181, 213, 249, 303, 305, 307, 313 Shutterstock.com/ksanask.art-studio ; toutes les autres illustrations, Shutterstock.com/krisArt

Catalogage avant publication de Bibliothèque et Archives nationales du Québec et Bibliothèque et Archives Canada

Titre : Quand la séparation donne des ailes : 111 leçons apaisantes pour guérir son cœur et reprendre son envol / Amy Ransom.
Autres titres : Soul-soaring virtues of separation. Français
Noms : Ransom, Amy, auteur.
Description : Traduction de : The soul-soaring virtues of separation. | Comprend des références bibliographiques.
Identifiants : Canadiana (livre imprimé) 20210049006 | Canadiana (livre numérique) 20210049014 | ISBN 9782761958127 | ISBN 9782761958134 (livre numérique)
Vedettes-matière : RVM : Séparation (Psychologie) | RVM : Actualisation de soi.
Classification : LCC BF575.G7 R3614 2021 | CDD 155.9/3—dc23

06-21

Imprimé au Canada

L'ouvrage original a été publié par Hay House, sous le titre *The Soul-Soaring Virtues of Separation.*

Dépôt légal : 2021
Bibliothèque et Archives nationales du Québec

ISBN (version papier) 978-2-7619-5812-7
ISBN (version numérique) 978-2-7619-5813-4

DISTRIBUTEURS EXCLUSIFS :

Pour le Canada et les États-Unis :
MESSAGERIES ADP inc.*
Téléphone : 450-640-1237
Internet : www.messageries-adp.com
* filiale du Groupe Sogides inc.,
filiale de Québecor Média inc.

Pour la France et les autres pays :
INTERFORUM editis
Téléphone : 33 (0) 1 49 59 11 56/91
Service commandes France Métropolitaine
Téléphone : 33 (0) 2 38 32 71 00
Internet : www.interforum.fr
Service commandes Export – DOM-TOM
Internet : www.interforum.fr
Courriel : cdes-export@interforum.fr

Pour la Suisse :
INTERFORUM editis SUISSE
Téléphone : 41 (0) 26 460 80 60
Internet : www.interforumsuisse.ch
Courriel : office@interforumsuisse.ch
Distributeur : OLF S.A.
Commandes :
Téléphone : 41 (0) 26 467 53 33
Internet : www.olf.ch
Courriel : information@olf.ch

Pour la Belgique et le Luxembourg :
INTERFORUM BENELUX S.A.
Téléphone : 32 (0) 10 42 03 20
Internet : www.interforum.be
Courriel : info@interforum.be

Gouvernement du Québec – Programme de crédit d'impôt pour l'édition de livres – Gestion SODEC – www.sodec.gouv.qc.ca

L'Éditeur bénéficie du soutien de la Société de développement des entreprises culturelles du Québec pour son programme d'édition.

Conseil des arts du Canada | Canada Council for the Arts

Nous remercions le Conseil des arts du Canada de l'aide accordée à notre programme de publication.

Financé par le gouvernement du Canada
Funded by the Government of Canada | Canada

Nous reconnaissons l'appui financier du gouvernement du Canada.

Nous reconnaissons l'aide financière du gouvernement du Canada par l'entremise du Fonds du livre du Canada pour nos activités d'édition.

AMY RANSOM

Quand la séparation donne des ailes

111 leçons apaisantes pour guérir son cœur
et reprendre son envol

Traduit de l'anglais (Royaume-Uni) par Louise Sasseville

LES ÉDITIONS DE L'HOMME

À Donna et à Claudia, pour avoir pris leur envol.
Et à Sarah, pour m'avoir aidée à voler.

À VOUS, MES CHERS LECTEURS

Je n'aurais jamais cru que j'écrirais un jour à propos de la séparation, bien que je me sois moi-même séparée de mon mari en 2016, à l'âge de 39 ans, après 9 années de mariage et 14 ans de vie commune, et après avoir eu trois enfants. C'est toute une expérience personnelle !

Puis, un jour, pendant mon jogging quotidien, j'écoutais le balado (*podcast*) *Super Soul* d'Oprah Winfrey, mettant en vedette Sarah Ban Breathnach, autrice de *Simple Abundance* (*L'Abondance dans la simplicité*), ouvrage louangé par le *New York Times*. Elle racontait qu'elle avait écrit ce livre pour elle-même et qu'elle n'avait jamais songé à l'effet qu'il aurait sur les autres.

Dès lors, j'ai su que je voulais écrire un livre sur la séparation. Pas pour m'appesantir sur ce qui n'avait pas fonctionné, ni pour blâmer qui que ce soit, ni pour faire mon deuil, ni pour partager à l'excès mes expériences, mais bien pour traduire en mots ce que j'avais appris sur moi-même pendant cette période.

Parce que, pour moi, la séparation (même si, à l'occasion, elle a été éprouvante et douloureuse) a été la plus grande occasion que j'aie eue de me connaître vraiment. Je crois même qu'une séparation peut être l'une des expériences les plus positives de notre vie et conduire à la réalisation de nos potentialités, pour peu que nous décidions qu'il en soit ainsi.

La séparation, sous ses nombreuses formes, est un capiteux mélange d'émotions contradictoires qui frappent souvent toutes en même temps. Mais je sais que vous pouvez vous envoler. Que vous apprendrez à accepter ces émotions et que vous en tirerez des leçons. Et que, certains jours, votre âme s'envolera plus haut que jamais auparavant.

Cela m'a été montré, maintes et maintes fois.

L'HISTOIRE À L'ORIGINE DE CE LIVRE ET LA FAÇON DE L'UTILISER

Vous avez la capacité de changer rapidement vos schèmes de pensée et, ultimement, votre expérience de vie.

ABRAHAM HICKS

Peu après ma séparation, j'ai découvert le concept de la loi de l'attraction, théorie selon laquelle nous attirons tout (nous forçons les choses à « se manifester ») dans notre vie par nos pensées et notre vibration (l'énergie que nous émettons). Nous attirons le positif. De même, nous attirons le négatif. L'état ultime est d'être en harmonie avec nous-mêmes : une correspondance énergétique avec ce que nous désirons, quoi que ce puisse être. Nous devons nous sentir comme la personne que nous voulons être, sans l'être vraiment (encore).

Le moment de ma découverte m'a semblé un pur hasard. Avec le temps, j'ai appris qu'il ne s'agissait pas d'une coïncidence. Rien n'est le fruit d'une coïncidence.

J'ai compris très rapidement qu'il n'y avait que moi qui pouvais influencer ma situation. Pas pour la changer, mais pour *me* changer et attirer des circonstances positives, et c'est ce que je voulais.

Dans le contexte de ma séparation, cette approche a *tout* changé pour moi, car cela a fait passer la séparation d'un état indésirable à un état qui confère du pouvoir. Cela m'a fait passer de « victime » à « vainqueure ».

La loi de l'attraction est la principale philosophie sur laquelle repose ce livre, en plus des idées de tant d'auteurs extraordinaires et de leaders d'opinion qui ont illuminé ma vie par leurs livres et leurs balados, et qui sont « apparus » quand j'en avais le plus besoin. J'espère les avoir interprétés fidèlement.

Lorsqu'est venu le besoin d'écrire ce livre, j'ai constaté que j'en avais long à dire sur la séparation. Je voulais que ce soit facile à lire et que ce soit un ouvrage de référence ; lorsqu'on a la tête dans le brouillard et qu'on est vidé de ses émotions ou que celles-ci sont coincées, il est important que l'aide offerte soit facilement accessible. Ce livre est divisé en 8 parties et en 111 leçons. Le nombre « 111 » est venu de façon instinctive et délibérée de ma part, car dans le domaine de la numérologie, « 111 » est l'un des nombres les plus puissants. Il porte les vertus combinées du chiffre « 1 » (associé à l'indépendance, à l'unicité, aux nouveaux départs, à la connaissance et à l'autoleadership) et du chiffre maître « 11 » qui représente l'éveil, l'illumination et l'apprentissage de la compréhension de la mission de notre âme et du but de notre vie. Ces étapes puissantes constituent les sections de ce livre.

Chacune d'elles est présente dans la séparation.

Les leçons sont de moi, mais le livre est pour vous : ou bien vous l'avez choisi pendant la rude période précédant la séparation, ou bien vous venez de vous séparer ; ou bien vous avez divorcé et vous avez de la difficulté à aller de l'avant; ou bien vous vivez votre première grande peine après avoir perdu l'amour de votre vie.

Ce livre n'est pas un guide sur les aspects pratiques de la séparation (la situation diffère tellement d'une personne à une autre), mais il vise plutôt à vous rendre apte à composer avec *toutes* les situations dans lesquelles vous pourriez vous trouver. Il s'agit moins de vous «dire» ce qu'il faut faire que de vous aider à «sentir» ce que vous devez faire. Nous avons des motivations et des actes qui nous sont exclusifs: ce qui fait se dissiper le brouillard pour moi ne le fera pas nécessairement pour vous. Mais je crois qu'il y a beaucoup de points communs dans la façon dont nous voulons nous sentir, et ce livre est destiné à vous aider à cerner ce que cela signifie pour vous.

Quand j'écrirai «je» ou «moi», j'espère que *vous* vous identifierez à ma personne. Lisez ce livre d'une traite ou par petites sections, quand vous avez besoin d'encouragements pour continuer ou pour vous rappeler que vous revenez de loin. Utilisez-le comme un outil d'affirmation quotidienne pour centrer votre énergie en tournant les pages au hasard. L'univers fera toujours en sorte que vous tomberez sur la page dont vous aurez besoin à ce moment-là. Cela pourrait aussi vous aider de savoir que je lis encore, revois et me remémore mes propres leçons: c'est un voyage perpétuel si nous avançons et évoluons comme nous le devrions.

Et cela importe peu si l'«âme» et l'«univers» ne font pas partie de votre langage familier. Vous n'avez pas besoin d'être un leader spirituel, ni un expert, ni de vous astreindre à trois mois de silence pour profiter d'une *véritable* connaissance de vous-même et avoir confiance en votre âme. Je suis une mère ordinaire de trois enfants; je n'ai pas «entendu» le silence depuis 2009, mais on me fournit toutes les expériences dont j'ai besoin, chaque jour, pour continuer d'évoluer et d'apprendre à avoir plus de stabilité dans ma vibration.

Mais, surtout, commencez à vous faire passer en premier. Faites preuve de bienveillance envers *vous*. Cultivez des pensées positives. Et évitez de prononcer des mots qui ne sont pas engendrés par l'amour, particulièrement à propos de votre ex-conjoint(e), car ces mots ne nourrissent pas votre esprit et n'illuminent pas votre chemin.

Créez le présent et l'avenir que vous voulez vivre.

Soyez vainqueur(e).

PREMIÈRE PARTIE

L'AFFIRMATION DE SOI

L'APPROCHE DE LA SÉPARATION, TOUT AU DÉBUT

La séparation est déroutante.

Au début, la séparation nous présente un choix. Comment voulons-nous l'aborder ? Parce que, s'il n'y a pas de retour en arrière, nous pouvons seulement avancer.

Nous pouvons décider de l'aborder en nous affirmant, même les jours où nous nous sentons réellement tristes. Je crois que nous pouvons influencer le cours des choses quand nous formulons la façon dont nous voulons que cela se passe. Ce à quoi nous voulons que notre séparation ressemble. Cela peut ensuite nous placer en position de pouvoir plutôt que d'apitoiement.

Nous n'avons qu'à décider qu'il en soit ainsi.

Les 14 leçons de la première partie portent sur ce sujet.

Leçon 1

JE SAURAI QUAND LE MOMENT SERA VENU

Tout ce que j'ai besoin de savoir m'est révélé
dans la séquence espace-temps parfaite.

LOUISE HAY, *Faites confiance à la vie*

Les gens me demandent souvent: «Comment l'avez-vous su?» ou «Quand avez-vous décidé de vous séparer?» À vrai dire, je ne le savais pas, et je ne l'ai pas décidé, jusqu'à ce que cela arrive.

Je crois qu'il est probablement rare que l'on planifie une séparation comme on le fait pour un mariage. («C'est aujourd'hui le grand jour! Marquez vos calendriers!») Quelle que soit la façon dont vous vous séparez, d'après ce que d'autres m'ont confié, vient un moment où l'on dit: «Ça suffit.» Ou peut-être que l'on se contente de partir.

C'est, du moins, ce qui s'est produit dans mon cas. La situation s'est envenimée jusqu'à ce que je ne puisse plus fermer les yeux sur ce qui se passait. Et même si la fin de notre mariage flottait dans l'air depuis longtemps, même si, rétrospectivement, je m'étais fait la vague promesse de partir si la situation ne s'était pas améliorée lorsque notre fils aurait deux ans, j'ignorais encore que le 4 août 2016 serait le dernier jour de notre mariage et que mon ex-mari ne dormirait plus jamais à la maison. Jusqu'à ce que cela se produise.

En fait, j'étais de bonne humeur, ce jour-là. J'avais passé la journée au parc avec mes trois enfants et quelques amies. Je songeais à acheter une bouteille de vin pour le repas du soir. Après quelques francs dialogues, plus tôt, cette année-là, et une discussion sur la séparation, j'avais vraiment essayé de faire fonctionner notre mariage. Puis, pendant son trajet de retour à la maison après le travail, mon mari m'avait envoyé un texto. Dans ce message, j'ai trouvé la clarté que j'avais recherchée toute l'année durant.

J'ai soudainement pris conscience du fait que *tout*, dans notre mariage, n'était que ruines, depuis ce que je percevais comme un manque de respect de mon mari à mon égard, jusqu'à l'absence totale de communication. Il n'y avait plus rien à sauver. D'après ce que j'allais apprendre, ce n'était aucunement une coïncidence que notre fils ait fêté ses deux ans un mois plus tôt.

C'était la seule façon dont notre mariage *pouvait* se terminer. Un rapide coup d'éclat. C'est comme ça que cela devait se produire, pour nous. Avant ce jour, nous n'étions pas prêts à nous dire adieu, pas assez désespérés pour le faire.

Alors, je ne crois plus au fait de forcer le temps ou les décisions, dans quelque domaine de ma vie que ce soit, même quand je sens que quelque chose ne va pas. Parfois, il faut un processus et d'autres expériences pour nous permettre d'aboutir là où nous aurions toujours dû nous trouver. Et tout ce que nous avons à faire, pendant cette période, est de laisser ces expériences se produire. Rappelez-vous : nous avançons toujours dans la direction de notre *propre* but (voir la leçon 97).

Si vous n'êtes pas heureux(se) dans une relation et que vous hésitez sur la façon d'y mettre fin, donnez-vous du temps, et ayez confiance : si la séparation est vraiment ce que vous voulez et ce qui est le mieux pour vous, vous le saurez quand le moment sera venu. Comme je l'ai su moi-même.

Si vous avez eu le cœur brisé et que vous n'avez pas eu votre mot à dire sur la décision de vous séparer, je suis désolée de ce que vous avez eu à vivre. J'espère que les leçons qui suivent vous permettront de regagner un certain pouvoir, pendant que vous vivrez naturellement le deuil de votre conjoint(e) et de votre relation (ce que nous faisons *tous* et *toutes*, soit dit en passant, peu importe qui a laissé l'autre). J'espère aussi que cela vous aidera si je vous dis que je crois *vraiment* que la situation dans laquelle vous vous êtes trouvé(e) vous donne encore plus de possibilités de prendre votre envol et de découvrir qui vous êtes réellement.

Leçon 2

JE COMPRENDRAI COMMENT JE SUIS PARVENU(E) ICI

La vie est fondamentalement injuste.
Mais, même dans une situation injuste,
je crois qu'il est possible de trouver une certaine justice.
HARUKI MURAKAMI, *Autoportrait de l'auteur en coureur de fond*

Il y a toujours deux versions à une histoire.

Mais il faut qu'une personne soit franche et ouverte pour être en mesure de voir ces deux versions lorsqu'elle est un protagoniste, et non un narrateur objectif.

Je n'ai pas *blâmé* mon ex-mari pour notre séparation, même si j'ai pensé que c'était sa faute. Je suis tout à fait consciente de l'ironie de cet énoncé. Je croyais que c'étaient les défauts de son caractère et de *son* comportement qui nous avaient menés jusque-là.

Il a fallu une amie très perspicace, en harmonie avec l'univers, pour souligner qu'en fait, c'est moi qui avais scellé la fin de mon mariage, le jour où j'avais silencieusement fait la promesse de partir, après la naissance de notre troisième et dernier enfant.

J'aurais pu lancer une pensée différente dans l'univers (*rester mariée et aimer et accepter mon mari*), mais j'avais déjà plutôt décidé de partir.

Cette pensée a fait se déclencher chez moi le très important processus d'autoréflexion. Le processus d'assumer la responsabilité du rôle que j'ai joué dans notre séparation et de reconnaître le fait le plus important de tous : je n'ai pas assez aimé mon mari. Nos fondations ont été instables dès le départ, et pourtant, nous avons bêtement tenté d'y construire une maison.

Certes, il n'était pas sans reproche, au cours de notre mariage, ou dans l'effondrement de celui-ci. Mais, là encore, je n'étais pas irréprochable non plus. Après tout, au bout du compte, j'avais décidé de l'épouser. Puis, de me séparer de lui. J'ai été surtout une participante active dans tout ce qui est arrivé, et non passive.

Pourquoi cela m'a-t-il aidée même si cela n'a rien changé au résultat ? Parce que cela m'a permis de passer de l'état de victime, ou pire, de martyre, à la responsabilisation, état dans lequel je pouvais constater que j'avais piloté mon propre bateau et que l'univers m'avait envoyé exactement ce que j'avais demandé. Cela m'a permis d'aller de l'avant, de m'affirmer, dans ma vie de femme célibataire et de mère. Avec du pouvoir, et non de la pitié.

Votre histoire sera différente de la mienne, et votre arrivée à ce point-ci aussi, mais faire un peu d'autoréflexion pour voir de quoi vous êtes responsable à la suite des décisions que vous avez prises jusqu'à maintenant vous libérera. Au moins, d'une certaine colère et d'un certain blâme. Essayez.

Et prenez le temps de comprendre la façon dont *vous* êtes arrivé(e) là.

Leçon 3

J'AI LE CHOIX, MAINTENANT

Tu ne peux pas contrôler tout ce qui t'arrive,
mais tu peux décider de ne pas être diminuée par cela.

MAYA ANGELOU, *Lettre à ma fille*

Les relations se brisent. Vu que ce livre porte sur le fait d'aller de l'avant, nous ne nous attarderons pas à la profusion de raisons pour lesquelles les relations prennent fin. Certaines se terminent abruptement. D'autres ruptures sont plus graduelles et, parfois même, inévitables. Entre les deux, il existe des milliers d'autres scénarios.

Mais au bout du compte, nous nous retrouvons tous au même point. Seuls. Sans la personne qui était jadis à nos côtés.

Que faire ensuite ? Comment continuer ? Surtout si on n'a pas décidé de cette situation. Comment s'y retrouver ?

Commencez par ceci : « J'ai le choix, *maintenant.* »

Parce que vous avez effectivement le choix, et le choix que vous faites *maintenant* servira de fondement à tout ce qui suivra. Pourquoi ne pas en faire un choix solide et positif ?

Je me suis parlé avec douceur et j’ai évité de définir mon expérience par des mots qui désignent un « effort », comme « difficile » et « combat ». Je ne voulais pas me *battre*. Et c’est lorsque j’ai décidé de considérer ma séparation et mon nouveau statut comme une autonomisation, plutôt que comme une tragédie ou une triste statistique, que les choses ont changé, de façon spectaculaire et rapide.

Plus je me sentais dynamisée, plus j’attirais le pouvoir. Je sais maintenant que c’est ainsi que ça fonctionne : on reçoit plus que ce qu’on donne.

Depuis ce jour, j’ai pu me rendre compte que je suis responsable de *toutes* les décisions que je prends, et de *toutes* les pensées que je formule, qu’elles aboutissent, ou non, comme je l’avais désiré. Je fais mon possible pour ne pas être victime ni martyre (bien sûr, je n’y parviens pas toujours).

Si ce n’est pas vous qui avez pris la décision de mettre fin à votre relation, cela peut vous sembler un défi de taille. Peut-être même impossible à relever. Mais pour que vous sachiez que c’est possible, peu importe comment cela se produit, permettez-moi de vous parler brièvement d’une amie extraordinaire que son mari a laissée dans des circonstances difficiles, alors qu’elle était enceinte et qu’elle avait déjà deux jeunes enfants. Je l’ai observée avec admiration lorsqu’elle a fait le choix d’aller de l’avant et de prendre la responsabilité de ce qui allait suivre, non sans certains moments douloureux, bien sûr, mais avec détermination, tout de même. Je ne sais pas si j’avais déjà cru en la force de notre être spirituel, ou en la possibilité de renverser une situation, jusqu’à ce que j’aie l’honneur de me tenir aux côtés de cette amie.

Maintenant, je crois en l’absolu de notre esprit. Et, rassurez-vous, vous n’y faites pas exception. Vous aussi avez le choix.

Leçon 1

JE PEUX INFLUENCER LA FAÇON DONT LES GENS RÉAGISSENT

L'exemplarité n'est pas la principale façon d'influencer les autres. C'est la seule.

ALBERT SCHWEITZER, magazine *United Nations World*

Lorsque les gens apprendront la fin de votre relation, vous recevrez peut-être une avalanche de messages empreints de tristesse.

La fin d'une relation est l'une des pires choses que plusieurs puissent imaginer. Être seul est non souhaitable et catastrophique : c'est ce que semblent croire ces gens. Mais ils ne connaissent pas la libération, ni l'autonomisation, ni la pure joie de commencer une nouvelle relation, laquelle sera la plus importante de leur vie : la relation qu'on entretient avec *soi-même*.

Et ils n'auront peut-être jamais l'occasion de connaître cela.

Bien sûr, si ce n'est pas vous qui avez mis fin à la relation, au début, vous allez probablement vouloir entendre des paroles de sympathie, du moins de la part de vos proches. Mais une fois que vous vous sentirez davantage en harmonie avec la réalité de la séparation et plus en paix, pourquoi voudriez-vous être l'objet de la pitié des autres, surtout si vous ne ressentez plus votre peine avec autant d'intensité ?

Il est beaucoup plus encourageant d'entendre des paroles positives, qui reflètent la position de force que vous commencez à ressentir, même si c'est petit à petit. Cela aide à raffermir l'idée que nous *pouvons* aller de l'avant, que ce n'est pas une catastrophe. Cela nous en donne la permission, à un moment où nous sommes vulnérables et où nous en avons besoin.

J'ai découvert que je peux toujours influencer la façon dont les gens réagissent à ce que je leur dis par mes expressions faciales, mon ton, mon langage corporel et mon regard. La *façon* de le dire est plus éloquente que mes *paroles*.

Quand je l'annonçais aux gens, je disais simplement: « Nous nous sommes séparés. Mais, franchement, ça va bien. Cela se préparait depuis longtemps et nous allons tous très bien. » Et je souriais toujours.

Dans ces trois phrases, je ne laissais pas de place à mon interlocuteur pour me questionner davantage ni pour manifester sa tristesse. C'était très important pour moi de contrôler la conversation, de la « normaliser » et d'en supprimer tout aspect tragique.

On peut utiliser la même approche pour l'annoncer à ses enfants, si l'on en a. L'annoncer en démontrant de la confiance, même si vous ne la ressentez pas pleinement encore et qu'il reste de nombreux points à régler, donnera à vos enfants une base solide et leur fera comprendre qu'il ne s'agit pas d'une grande tragédie qui détruira leur vie à jamais. En passant, il est tout à fait correct que l'annonce de votre séparation ne commence *pas* de cette manière ; mes enfants ont été témoins de la détérioration de notre relation pendant plus d'un an, ce qui s'est soldé par une intense dispute. J'ai trouvé le bon moment, par la suite, pour leur transmettre du positivisme et de la confiance, et pour les aider à croire que cela transformerait leur vie pour le mieux.

Les relations se brisent. Mais ce n'est *jamais* la fin.

C'est un nouveau départ, entouré de merveilleux. Ce n'est pas tout le monde qui *connaît* cela.

Si vous n'avez pas atteint ce point, ne vous en faites pas, c'est pour bientôt.

Leçon 5

JE RESPIRE DE NOUVEAU

Pratiquez la modération en tout, sauf en amour.

Gary Zukav

Pendant longtemps, mon mariage m'a étouffée. J'ai manqué de souffle jusqu'à ce qu'un jour, je ne puisse plus respirer du tout.

Même s'il y avait plusieurs bonnes choses dans ma vie, l'amour et le respect d'un conjoint n'en faisaient pas partie. J'avais beau me répéter que je pouvais vivre sans cela parce que je recevais beaucoup d'amour ailleurs, la vérité a fini par me sauter aux yeux : je n'y arrivais pas.

L'absence physique d'un conjoint et ma soif d'amour et de compagnie, c'est une chose, comme je l'ai appris par la suite. Mais l'absence d'amour quand *il y a* quelqu'un dans notre vie nous fait sentir beaucoup plus seuls. Cela réprime l'espoir que nous éprouvons lorsque nous sommes seuls : cette excitation devant la possibilité de trouver l'amour et d'établir un véritable lien avec une autre personne.

Cette absence m'a écrasée comme un énorme poids. Je constate maintenant que cela m'a empêchée de réaliser le potentiel de mon véritable moi, ouvert et aimant. Parce que, au fond, j'étais malheureuse, que j'avais une faible estime de moi, et que cela ne fait pas grandir l'amour de soi.

Dès que mon mariage a pris fin, ce poids a disparu instantanément. « Tu as l'air plus légère », m'a dit l'une de mes rares amies qui étaient au courant, quelques semaines plus tard. « Ton visage, tes épaules, tout. »

Je me *sentais* plus légère. Parce qu'une décision avait été prise. Enfin. J'avais obtenu un résultat et je ne vivais plus dans l'incertitude, le déni ou l'acceptation insatisfaisante de l'amour avec modération.

Bien sûr, ce n'était que le début du cheminement. Je savais qu'un long parcours m'attendait, et je ne savais pas *vraiment* comment l'entreprendre, à part le fait de placer un pied devant l'autre et de prendre un jour à la fois, ce que je continue de faire.

Ce que j'en suis venue à savoir, c'est que mon désir d'amour, qu'il s'agisse d'aimer quelqu'un d'autre ou de parvenir à m'aimer *moi-même*, était aussi grand que mon besoin d'oxygène, sinon plus.

Lorsque nous reconnaissons que notre relation nous prive d'air, nous pouvons alors recommencer à respirer.

Leçon 6

JE PRENDS UN JOUR À LA FOIS

Je commence à reconnaître que le véritable bonheur n'est pas quelque chose de très grand ; ce sont plutôt des choses petites, multiples et qui existent déjà : le sourire de quelqu'un qu'on aime ; un déjeuner convenable ; la chaleur d'un coucher de soleil.

Beau Taplin, *Buried Light*

Les premiers jours et les premières semaines qui ont suivi ma séparation ont été vraiment étranges et contradictoires.

D'une part, je voulais passer en mode accéléré jusqu'au moment où tout irait « bien » et serait « normal » (avant que je comprenne que ces mots n'étaient que des illusions). D'autre part, je me sentais puissante, presque invincible. Le jour où mon mariage a pris fin, mon énergie a changé, et les bonnes choses n'ont pas cessé de se succéder. J'avais l'impression qu'une bonne chose n'attendait pas l'autre. Mon livre publié à compte d'auteur s'est mis à bien se vendre. J'ai eu 40 ans. J'ai pris contact avec un agent et obtenu un bon contrat pour mon livre, tout en élevant trois enfants, presque toute seule.

Je ne m'étais pas rendu compte que j'avais été dans un état euphorique jusqu'à ce que je m'effondre, 14 mois plus tard. Je me suis affalée sur la dernière marche de mon escalier et j'ai pleuré. Vraiment pleuré. À ce moment-là, j'ai senti *toute* la tristesse et la « tragédie » de ma séparation. Je pense que c'était la première fois que je pleurais tant.

Je me suis immédiatement sentie plus calme ; j'ai écouté ce moment et ce qu'il voulait me dire : « Ralentis. Assimile. Arrête de courir. Tu n'as pas besoin de tout régler ni de constamment faire des efforts. » Alors, je me suis permis de me sentir triste, en ce jour particulier. Parce que c'est ce que j'avais besoin de faire. Seulement être triste. Le lendemain, je ne me sentais plus aussi désespérée.

Depuis, j'ai appris que c'est à ça que la séparation ressemble. Il n'y aura jamais de moment où tout semblera « parfait ». J'accepte le fait que ce ne soit pas nécessaire ; j'ai donc cessé de poursuivre ce rêve. La vie change continuellement. Tout comme nous. Ce changement se produit quand nous sommes mariés ou dans une relation, alors il est tout à fait logique que cela arrive aussi lors de la séparation. Et pourtant, je crois que nous nous attendons à ce que ce soit autrement. Nous considérons la séparation comme un problème à régler. À résoudre. Ce n'est qu'à ce moment-là que nous pouvons avancer et rendre notre vie « très bien ». Et même « parfaite ».

Mais il n'est jamais nécessaire d'attendre une conclusion aussi grandiose. Nous pouvons commencer dès *aujourd'hui* à être heureux, sous une forme ou une autre. Prendre un jour à la fois est magique (même quand la journée elle-même ne l'est pas). Parce qu'une journée d'isolement est une bénédiction. Elle devient précieuse ; ce n'est plus une simple journée parmi les 365 de l'année.

Remarquez la journée d'*aujourd'hui* ; prêtez-y attention, et vous verrez qu'il y a toujours du bon à y trouver. Même si, en ce moment, la seule bonne chose que vous puissiez trouver est un bon café ou le fait que demain promet d'être un peu mieux. Plus paisible.

Chaque nouvelle journée est un pas de plus qui vous éloigne de la souffrance pour vous emmener vers votre avenir. Qu'a-t-il en réserve pour vous ? Où vous conduira-t-il ? Qui vous amènera-t-il ? Cette incertitude est assez excitante, quand on lui permet d'exister.

Pourquoi ne pas saisir les jours dynamisants, remplis d'amour et d'énergie créatrice, quand ils se pointent ? Vous sentir invincible. Reconnaissant(e). *Possible*. Par contre, quand il y a des jours où vous devez déployer de *grands* efforts pour ne pas vous sentir victime, rappelez-vous les choix qui ont pu vous mener à cette situation. Réappropriez-vous votre pouvoir.

Parce que vous n'êtes pas une victime, et moi non plus ; nous sommes des personnes qui peuvent *tout* faire, dans toutes les journées magiques qui sont devant elles.

Leçon 7

J'ACCEPTE TOUTES MES ÉMOTIONS

Au lieu de résister aux émotions, la meilleure façon de les dissiper est de les vivre pleinement, de les accueillir et de regarder à travers votre résistance.

DEEPAK CHOPRA

Rien ne suscite autant les émotions conflictuelles qu'une perte. La séparation est une forme de perte, et nous tous qui nous trouvons dans cette situation devons faire un deuil.

Nous devons renoncer à un idéal de vie que nous avons connu. À un avenir vers lequel nous tendions. Et, maintenant, nous sommes forcés de vivre dans l'incertitude qui, au début, peut nous perturber et nous faire sentir perdus, bien qu'elle soit l'un des plus grands cadeaux que nous fasse la séparation (nous en verrons davantage à ce sujet, plus tard).

Voici trois choses que j'ai apprises à propos des émotions :

~ Je ne suis pas mes émotions.
~ Je n'ai pas besoin de résister à mes émotions.
~ Mes émotions passeront.

Personne n'aime être en colère, amer ou tellement triste qu'il croit perdre entièrement son côté rationnel. Quand cela m'arrive, après coup, je ressens plus de colère *à l'égard* de la colère. Je suis déçue de moi-même parce que j'ai l'impression de m'être laissée tomber en réagissant ainsi. Ça vous dit quelque chose ? Nous nous associons trop à nos émotions, quelles qu'elles soient à ce moment-là. Mais *nous ne sommes pas* nos émotions et cela ne nous aide en rien de nous voir de cette façon. Car, quand nous prenons du recul par rapport à ce que nous ressentons et que nous reconnaissons l'émotion ressentie sans la juger, nous sommes davantage en mesure de nous en dissocier et d'être un observateur objectif, au lieu d'être un hôte trop investi.

Juger nos émotions déclenche toujours de la résistance, ce qui perturbe encore plus l'harmonie avec nous-mêmes. Nous nous disons que nous ne devrions pas nous sentir ainsi, ce qui nous fait encore plus souffrir. Mais si nous nous contentons d'observer l'émotion, sans trop nous impliquer, il ne se crée aucune résistance et nous pouvons simplement nous permettre de ressentir *ce que* nous ressentons à ce moment-là. Nous restons en harmonie avec nous-mêmes, et l'émotion finit par passer.

Chaque émotion que vous ressentez est encore valable. Et vous allez probablement en ressentir beaucoup, souvent toutes en même temps. Alors, ne les jugez pas. Acceptez la tristesse que vous éprouvez. Quand vous vous sentez en colère, essayez d'observer cette colère. D'où provient-elle *vraiment* ? Bien souvent, la colère est mal dirigée vers quelqu'un d'autre, alors qu'en fait, nous avons une dent contre *nous-mêmes*, ce que nous devons comprendre avant de nous témoigner quelque sympathie ou compassion que ce soit. (Vous en apprendrez davantage sur la conscience émotionnelle à la leçon 50.)

Pour le moment, rappelez-vous : vous n'êtes pas vos émotions. Vous n'avez pas besoin de résister à vos émotions. Vos émotions passeront.

Leçon 8

JE PRENDS L'ESPACE PHYSIQUE QUE JE MÉRITE

La sagesse vient avec la capacité d'être immobile.

ECKHART TOLLE, *Stillness Speaks*

Un début est une nouveauté pour nous, que nous l'accueillions avec joie ou que nous le redoutions. Parfois, un début est une combinaison de joie et de crainte.

Un nouvel emploi. Une nouvelle maison. Un nouvel état de nos relations.

Nous ne nous sommes encore jamais trouvés dans cette situation. Nous ignorons ce que nous ressentirons, nous ne savons pas comment nous réagirons.

Alors, nous devons nous *relaxer*, et non nous précipiter. Je répéterai souvent cette phrase parce qu'elle est très efficace et que je la mets en pratique quotidiennement.

Parfois, la seule façon d'y parvenir est de nous accorder l'espace physique que nous méritons. Nous devons simplement nous laisser *être*, sans tenter de nous « guérir » ni de remplir tous les moments par des distractions ou par d'autres personnes.

Nous ne sommes pas faits pour être « réparés ». Être « réparés » signifierait effacer tout ce qui nous est arrivé jusqu'à maintenant, et renoncer à en apprendre davantage. Nous sommes destinés à être *ici*, dans cette situation, maintenant. C'est notre voie, et si nous sommes trop distraits ou trop occupés, nous pourrions rater la destination vers laquelle nous nous dirigeons.

C'est le désir de certitude qui nous fait obstacle. Nous voulons tout simplement savoir ce qui s'en vient. Nous aspirons à la sécurité et sommes impatients de la trouver. Depuis l'enfance, on nous a enseigné à *provoquer* les événements, de crainte de manquer quelque chose. En tant que « faiseuse » compulsive, j'ai passé ma vie à forcer les choses. Ce n'est que depuis ma séparation que j'apprends à reconnaître les moments où je dois en faire moins, même si je ne suis pas toujours à l'aise dans cette situation.

Vous est-il déjà arrivé de vous sentir cloué(e) sur place, incapable de bouger ? Cela m'est arrivé après ma séparation, la première fois où mes enfants ont quitté la maison pour aller passer le week-end chez leur père. Je suis restée assise par terre, dans ma chambre, pendant deux heures ; je n'arrivais pas à me relever, moi, d'habitude si énergique, qui aime tant être occupée. Je me sentais paralysée.

Cela m'arrive encore de temps à autre, sauf que, maintenant, je considère cela comme une partie essentielle de mon être. Car le fait d'être tranquilles, immobiles, et de nous donner de l'espace physique, loin des autres, ce qui constitue essentiellement les racines de la méditation (sans que nous ayons vraiment conscience que c'est de la méditation), est une chose que ce monde agité ne nous offre pas spontanément, au milieu des bruits incessants qui nous entourent.

Quand le bruit devient trop fort, j'éteins mon téléphone et je coconne à la maison. Le calme s'installe immédiatement quand je ne suis disponible *que* pour moi (et pour mes enfants).

Nous sommes programmés pour craindre la solitude, pour craindre notre propre espace physique.

Et pourtant, c'est dans ces moments de calme avec nous-mêmes que nous parvenons à la plus grande clarté.

Leçon 9

JE VAIS BIEN ALLER

Si vous pensez que cela fonctionnera,
vous verrez des occasions à saisir. Si vous pensez que
ce ne sera pas le cas, vous verrez des obstacles.

WAYNE DYER

« Je vais bien aller. »

Nous savons que c'est vrai. Au plus profond de nous. Vous ne le ressentez peut-être pas en ce moment même, mais songez à tout ce que vous avez traversé et que vous ne croyiez pas pouvoir affronter, auparavant. Vous vous en êtes bien tiré(e), n'est-ce pas ?

Bien sûr, il est extrêmement facile de l'oublier. Parfois, particulièrement au cours des premiers jours, et même au-delà, nous devons simplement nous le rappeler, ou nous faire confirmer par quelqu'un d'autre que « nous allons bien aller ».

Vous allez bien aller.

Dans les moments où nous nous sentons loin de cette affirmation, dans les moments où l'incertitude ou l'anxiété sème le doute sur la voie à suivre, nous pouvons simplement décider de faire confiance à ce qui s'en vient et ne pas céder au doute.

Comme pour tout dans la vie, il est beaucoup plus facile d'avoir la foi quand les choses vont bien que quand elles vont mal. Le véritable test est toujours l'attitude que nous adoptons quand nous perdons pied.

Et, oh là là, c'est tout un test, certains jours !

Ce que je ressens, dans ces moments-là, serait plutôt du ressentiment, l'envie de blâmer autrui, et une impression de solitude. Je décide, momentanément et commodément, d'oublier comment j'en suis arrivée là parce que c'est moins douloureux de remettre cela dans les mains de quelqu'un d'autre : mon ex-mari, une amie qui m'a fait faux bond, un membre de ma famille qui ne semble pas comprendre que je suis au bout du rouleau. Rien de tout cela ne me dérange quand j'ai le vent en poupe, quand je suis dans un état d'esprit qui me permet de *savoir* que je n'ai pas besoin de compter sur personne d'autre que moi-même.

Mais quand j'ai une dure journée, je veux être secourue. Je retourne à l'état de victime. Quand je suis dans cet état, je ne peux que rester *ainsi*, et c'est douloureux. Il m'a fallu du temps pour apprendre que je dois m'exercer à la grâce et à la gratitude et me dire des mots bienveillants pour me remonter le moral. Alors, quand je me sens descendre en vrille, je dois faire le choix conscient de cesser d'alimenter la négativité et de me dire *quelque chose de gentil* : à propos de moi, de la personne vers qui se dirigeait mon ressentiment, ou de quelque chose que j'ai la chance d'avoir. Je peux sentir instantanément mon énergie remonter à partir de là.

J'aime aussi à penser que les moments difficiles, dans la séparation, ont un but positif. Ils me propulsent toujours vers l'avant et me permettent de mieux scruter l'intérieur de mon être. Je les considère comme les petites briques qui me construisent et qui me rendent plus grande et plus forte qu'avant. Une tour de résilience.

Avec du temps et de l'entraînement, il devient plus facile de faire confiance à la sensation de bien aller (que nous *savons* vraie), car plus nous parvenons à naviguer dans tout cela, plus nous pouvons constater que nous nous rendrons jusqu'à la prochaine épreuve. C'est un fait.

Bref, nous pouvons simplement commencer à croire que *bien aller* est notre vérité ultime.

Il est très rassurant et apaisant d'accepter cela.

Leçon 10

JE PARTAGE CE QUE JE VEUX AVEC QUI JE VEUX

Je ne comprends pas pourquoi les gens exposent les détails de leur vie privée ; l'invisibilité est un superpouvoir.

BANKSY

Rien ne suscite autant l'intérêt que la rupture d'une relation, surtout si, pour le monde extérieur, c'est tout à fait inattendu.

Eh bien, voici une chose à se rappeler : c'est vous, et *seulement* vous, qui décidez du moment où vous allez en parler et à qui vous allez en parler.

Lorsque mon ex-mari et moi nous sommes séparés, seules ma famille immédiate et une amie étaient au courant. Avec le temps, je l'ai annoncé à quelques amis proches, mais le cercle plus éloigné de mes connaissances n'en a pas entendu parler avant cinq mois, lorsque j'ai affiché un message positif sur mon blogue. Je voulais trouver ma voie, au cours des premiers mois, sans me sentir surveillée, et je voulais *vraiment* protéger mes enfants, et les habituer à notre nouvelle vie. C'est la meilleure approche que j'aurais pu adopter.

Votre situation est personnelle et vous appartient *toujours*. Alors, ne vous laissez pas entraîner à en parler si ce n'est pas ce que vous voulez. Vous saurez reconnaître les gens qui sont sincères et qui se soucient vraiment de votre bien-être. Ce sont ceux qui glissent une petite note adorable, non intrusive, sous votre porte, vous demandant si vous avez besoin de quelque chose, juste pour vous faire savoir qu'ils sont là pour vous.

Agissez à votre façon. Prenez votre temps. Trouvez vos alliés.

Ce ne seront pas nécessairement les gens que vous vous attendiez à trouver à vos côtés. Mais, oh là là, ce seront des êtres merveilleux qui auront une place dans votre cœur à jamais !

Leçon 11
JE ME PROTÈGE

Sans rien dire, ma tante Katie en dit parfois le plus.

[...]

Là maraude un voleur plus aigri,

Silence — est son nom —

Aucune agression, aucune menace

Ne le laisse présager.

[...]

Emily Dickinson, dans une lettre à sa tante

Pendant ma période de silence, quelques personnes ont avancé des hypothèses sur ma situation, surtout après que mon aînée eut, avec insouciance, parlé à l'une de ses camarades de « l'appartement de papa ».

Personne ne m'a interrogée directement, jusqu'à ce que quelqu'un me confronte, aux portes de l'école, devant mes enfants, en disant négligemment : « Je suis désolée pour ta séparation », avant de clairement s'aventurer plus loin sur la question.

L'intérêt n'était pas véritable. Je le savais d'instinct. Et même si je suis habituellement très ouverte avec les gens (souvent parce que je partage trop de choses personnelles, simplement parce que j'ignore comment *ne pas* les partager quand quelqu'un me questionne sur un sujet personnel), cette fois, mes barrières se sont relevées, et j'ai rapidement mis fin à la conversation, poliment, mais sans m'excuser.

J'ai appris une leçon très importante, ce jour-là : il est tout à fait acceptable de me protéger, sans craindre d'offenser les autres. Je n'ai jamais à expliquer ma situation personnelle simplement parce que quelqu'un me demande de le faire. Jusqu'à ce moment-là, je ne suis pas certaine que j'aie activement exercé ce droit à la discrétion.

Par la suite, pas une fois je n'ai souhaité avoir traité la situation différemment. Pas une fois je ne me suis inquiétée de ce que cette personne a pu penser de ma réaction. Pas une fois.

J'ai plutôt respecté cette voix intérieure qui m'incitait à tenir ferme et je me suis juré de l'écouter plus souvent.

Leçon 12
JE LAISSE DE LA PLACE POUR ACCUEILLIR DAVANTAGE

Bien des choses ont fonctionné comme je l'avais prévu, mais cela n'a pas toujours été à mon avantage. Mais presque tout s'est développé naturellement, selon la destinée.

CARL JUNG, *Ma vie. Souvenirs, rêves et pensées*

L'un des aspects les plus libérateurs de ma séparation a été de pouvoir réaffirmer la personne que j'avais toujours senti que j'étais. Auparavant, mon mariage remettait en question l'essence de mon être et modifiait cette perception.

En grandissant, j'avais toujours cru que j'étais destinée à certaines choses. Un bon emploi. Un grand amour : le vrai coup de foudre. C'était donc décourageant de constater que ces choses m'avaient échappé. Ou plutôt, à bien y penser, que *je* les avais laissées passer. Après tout, c'étaient mes choix qui m'avaient menée là où j'étais.

D'autres ont fermement appuyé ma séparation. Personne ne croyait que je devais revenir en arrière ; tout le monde m'a beaucoup aidée. Les gens me disaient des mots gentils et réconfortants, ce qui m'a permis d'avoir le courage de procéder à l'adaptation nécessaire et imminente.

« Ce n'est pas le genre de chose que font les parents lorsque les enfants sont jeunes. Habituellement, ils attendent que les enfants soient adolescents pour se séparer. »

J'ai entendu cela de la bouche de certaines personnes. Je me suis alors rendu compte que, dorénavant, je n'accepterais pas moins que ce que je valais, car j'avais recherché et réalisé des changements, malgré les défis que cela représentait, en ayant trois enfants de moins de sept ans. Même si on ne recherche pas le changement, on ouvre la porte à *plus* de changements par le simple fait d'accepter et de vivre la nouvelle situation, sous le regard ébahi des autres (je vous le jure).

Quand j'ai repensé à la façon dont je me voyais, et particulièrement lorsque les autres ont souligné ma force, je me suis sentie bien. Je me suis sentie forte. *Vraiment* forte. Et j'ai commencé à aimer la personne que je voyais. Plus que je ne l'avais fait depuis des années.

C'était cette fille ambitieuse avec laquelle je me souvenais d'avoir grandi.

Et je savais qu'il n'était pas trop tard pour obtenir les choses que *j'avais laissées passer.*

Parce que je leur faisais déjà de la place.

Leçon 13

JE CONSTATE QU'IL Y A TOUTES SORTES DE FAMILLES

Dans certaines familles, il n'y a que la maman,
dans d'autres, que le papa... Parfois, ils ne peuvent pas
se voir pendant des jours, des semaines, des mois... mais
s'il y a de l'amour, ta famille sera toujours dans ton cœur.

Madame Doubtfire

Quand on a des enfants, la séparation ajoute une autre couche d'émotions, parce qu'on ne gère pas seulement les siennes, mais aussi celles des enfants, à propos de ce qui est arrivé, et des réactions à ce qui est arrivé : la tristesse, la culpabilité et le regret.

Dans les premiers mois, du moins, composer avec la séparation, quand il y a des enfants d'impliqués, peut être complexe et déchirant. À ces moments, il m'a fallu toute ma volonté pour croire que c'était la meilleure solution pour tous. Mais, en fait, c'est le seul scénario possible pour nous tous, parce que c'est celui que nous vivons, et lui résister ne fait que causer plus de souffrance et de conflits.

Jusqu'à tout récemment, je croyais que s'ils avaient le choix, mes enfants choisiraient d'avoir leurs parents ensemble, plutôt que séparés. C'est ainsi que nous sommes conditionnés. C'est ainsi que la société nous dit qu'une famille *devrait* fonctionner, mais, à vrai dire, il y a toutes sortes de familles.

Et, tout comme moi, au cours des quatre dernières années, les enfants ont grandi et ont évolué, et je ne suis pas certaine qu'ils *choisiraient* de retourner en arrière, maintenant. Ils ont récolté d'énormes bénéfices de la situation.

J'aime aussi le fait que les croyances de mes enfants sont remises en question, dans cette situation, qu'ils seront libérés de stéréotypes et de conditionnements néfastes, et qu'ils grandiront plutôt en sachant que toutes les façons de vivre en unité familiale sont valables. Quatre ans plus tard, ils ne disent plus « Nous voulons être une famille normale » ni « Pourquoi papa et toi ne pouvez pas revivre ensemble ? » parce qu'ils ont appris, en très peu de temps, que nous *sommes* encore une vraie famille, tels que nous sommes. C'est notre nouvelle famille « normale ».

Bien sûr, en tant que parent, il y a des moments où j'en doute, des moments où je romance le passé (voir la leçon 30), des moments où je me blâme, mais j'arrive de plus en plus à ne pas le faire. Parce que je sais que la seule avenue possible est de balayer ces pensées pour songer plutôt à ce que je *donne* à mes enfants.

Tu enseignes à tes enfants quelque chose que je ne pourrais jamais leur enseigner : que quitter un homme peut être le geste le plus stimulant de ta vie. De ne jamais rester avec quelqu'un parce que la société croit que tu le devrais. Tu es la quintessence de la femme forte. Et tes filles te remercieront mille fois, un jour.

UNE AMIE HEUREUSE EN MÉNAGE

Mes enfants sauront que tout est possible, *à cause de nous*, mon ex-mari et moi. Et même si votre séparation n'était pas votre choix, à long terme, vous pourriez avoir l'occasion de montrer à vos enfants que les êtres humains peuvent s'épanouir dans diverses circonstances. Inattendues ou autres.

Pour le moment, nous devons continuer de croire en nous et en notre chemin en tant que parents, ce qui nous a menés jusqu'ici.

Leçon 14

J'AI FAIT TOUT CE QUE JE POUVAIS POUR SAUVER MA RELATION

La capitulation n'a pas lieu à la fin de la vie.
C'est plutôt lorsque la vie commence.
MARIANNE WILLIAMSON, *Un retour à l'amour*

À un moment donné, peu après la séparation (et à l'occasion par la suite), vous pourriez éprouver un doute lorsque vous vous demanderez comment vous vous êtes retrouvé(e) dans cette situation (même si vous avez fait le travail de reconnaître et de comprendre la façon dont cela s'est produit).

Peut-être auriez-vous pu essayer un peu plus fort. Peut-être auriez-vous pu faire les choses différemment. Peut-être, peut-être, peut-être...

C'est normal et cela peut se produire, quelle que soit la manière dont votre relation a pris fin. Même si votre conjoint(e) vous a trompé(e), vous pourriez essayer de trouver une façon de vous rendre responsable, de vous demander ce que vous auriez pu faire différemment.

Ce type de responsabilité n'est pas celui qui vous dynamisera et dont nous avons parlé à la leçon 2. Il est alimenté par un regret profond, car, à ce moment, pour quelque raison que ce soit, vous ne voulez pas vous trouver ici. Vous voulez retourner en arrière. C'est aussi dans la nature humaine, surtout dans la nature de la femme, de se sentir coupable et de se repasser des scénarios de rechange dans son esprit.

Arrêtez-vous un moment et calmez votre esprit.

J'y parviens en me disant: «J'ai tout fait pour sauver ma relation.» Parce que je sais que j'ai vraiment tout fait. J'imagine que vous en avez fait autant. Après tout, vous lisez ce livre parce que vous voulez en apprendre davantage sur vous-même et que vous voulez évoluer; ce ne sont pas là les actes de quelqu'un qui n'essaie pas ou qui n'aime pas. Vous n'en avez peut-être pas encore pris conscience, pour quelque raison que ce soit.

Alors, quand nous ne pouvions plus sauver nos relations, la seule chose qu'il y avait à faire était de nous sauver nous-mêmes. Ce que nous avons fait, très consciencieusement, tous les jours, depuis lors.

DEUXIÈME PARTIE

LA MOTIVATION

ENCOURAGEZ-VOUS À ALLER DE L'AVANT

Même avec les meilleures intentions du monde, il y aura des jours où la séparation sera accablante. Des jours où vous vous demanderez comment faire pour continuer.

Nous ne devons jamais avoir honte ni être déçus de nous sentir comme cela. C'est normal. C'est naturel. Cela fait partie du très important processus de deuil et de cheminement.

Ce que nous ne pouvons pas permettre, c'est de laisser de tels jours nous désarmer ou nous faire croire que nous avons tout perdu de ce que nous avions acquis jusqu'alors, et que nous sommes revenus au point de départ. Ce n'est pas le cas. En fait, nous en sommes loin. Les obstacles de taille auxquels nous faisons face, les jours difficiles, une fois franchis, nous propulseront vers l'avant. Et, entre-temps, il y a toujours des choses à faire pour rendre ces moments pénibles un peu plus supportables.

Les 13 prochaines leçons de cette deuxième partie vous montreront comment j'y suis arrivée.

Leçon 15

JE SUIS BLESSÉ(E), MAIS JE VAIS GUÉRIR

Ce que vous développez, c'est une attitude de guérison.

DEEPAK CHOPRA, *La Blessure invisible*

Certains jours, je souffre. Impossible d'y échapper. Nous ne pouvons pas toujours mettre de côté nos sensations de manque, ni notre perception d'échec, ni la cruelle réalité de la trahison.

Je savais que mon mariage était terminé. Je voulais qu'il le soit. Je ne pouvais même pas songer à des raisons de me torturer avec des regrets à la « Et si… ? ». Je ne voulais pas qu'il se batte pour moi ni pour nous. Et pourtant, de temps à autre, je me sens encore triste, blessée et rejetée. Or, si vous ne vouliez pas vraiment que votre relation se termine, ces sentiments seront encore amplifiés.

Sur le plan psychologique, selon la pyramide des besoins d'Abraham Maslow, les êtres humains ont besoin de sécurité, d'amour, d'appartenance et d'estime de soi. Jusqu'à présent, cela s'est vérifié dans ma vie.

La séparation frappe en plein cœur de ces besoins. Elle nous enlève la sécurité que nous croyions avoir et la sécurité d'être avec quelqu'un. Il y a un vide, là où il y a déjà eu de l'amour, et, soudainement, nous ne savons plus où est notre place. Et, surtout si la relation était toxique d'une certaine façon, l'estime de soi peut descendre jusqu'à ce que nous nous sentions entièrement sans valeur, comme cela m'est arrivé.

La première chose que je me rappelle quand je souffre est celle-ci : j'ai toutes les raisons du monde de souffrir et toutes les justifications de me laisser ressentir cela. Et c'est normal.

Puis, quand j'ai eu le temps de le faire (m'accorder des périodes pour le faire est libérateur et éclairant), j'ai remarqué que la souffrance était un peu moins intense que la dernière fois que j'avais ressenti cela.

Chaque fois que nous ressentons cette intense souffrance et que nous nous en sortons, je crois que nous en apprenons un peu plus d'après notre réaction à cette émotion ou aux circonstances, et que nous en revenons plus brillants, plus allumés, plus sages.

Les énergies latentes de la colère, de la peur
et du deuil cherchent une porte de sortie.

DEEPAK CHOPRA, *LA BLESSURE INVISIBLE*

Nous constatons que nous guérissons, même si les progrès sont lents. Nous constatons que nous nous sentons mieux si nous ne nous appesantissons pas sur la souffrance. Et nous constatons qu'il y a eu un répit entre ces périodes et que, chaque fois, ce répit a été plus long. Nous développons un nouveau système de croyances.

Certains jours, nous pouvons souffrir, oui. Mais ces jours nous montrent aussi que nous allons guérir.

Parce que nous avons déjà commencé à le faire.

Leçon 16

J'AI CONSCIENCE DES ÉLÉMENTS DÉCLENCHEURS

Les humains ne sont pas des machines à penser ou à ressentir, mais plutôt des machines à ressentir qui pensent.

ANTONIO DAMASIO, *L'Autre moi-même*

Parfois, quand nous réagissons de façon négative à notre séparation, les éléments déclencheurs ne proviennent pas de nous.

Une chanson entendue à la radio. Une odeur. La représentation visuelle de ce que nous ne pensons plus avoir, comme la vue d'un couple souriant, les yeux dans les yeux, marchant main dans la main, ou le fait d'apercevoir une famille qui déjeune un dimanche au restaurant. Nous devenons des voyeurs, là où nous avons déjà été des participants.

Notre système sensoriel est délicatement réglé et, souvent, sans nous en rendre compte, nous interprétons ce qui se passe autour de nous et y réagissons physiquement. Avant même que nous ayons eu le temps de le comprendre, quelque chose déclenche une angoisse, un sentiment de perte, pouvant descendre en vrille jusqu'à la conclusion catastrophique (et inexacte) à propos de notre destinée : « Je n'aurai plus jamais cela. »

Il peut être utile, du moins au cours des premiers mois, de prendre note de l'apparition de ces éléments déclencheurs, de façon à en avoir conscience et à composer avec eux. Si vous savez, par exemple, qu'une certaine situation (une sortie, un lieu ou une date) sera pénible, vous pouvez le reconnaître à l'avance et faire le choix conscient de vous y impliquer, ou non, et de vous y préparer, dans un cas comme dans l'autre.

Les gens parlent de faire face aux éléments déclencheurs et à la douleur parce que l'évitement ne mène pas à la guérison. Cependant, nous avons le droit de nous protéger quand nous nous sentons vulnérables, pourvu que nous reconnaissions que c'est ce que nous faisons et la raison pour laquelle nous le faisons. Nous avons assez de temps pour « aller reprendre notre vie », sous quelque forme que ce soit, quand nous sommes prêts. Ou bien nous pouvons essayer une approche différente et décider consciemment de nous déconnecter du message négatif que nous nous envoyons et de le remplacer par un message enraciné dans une émotion plus saine (comme la gratitude), laquelle nous permet d'aller de l'avant. Par exemple, vous n'avez pas à vous priver d'aller à une réception sous le prétexte qu'il y aura surtout des couples : allez-y en vous disant plutôt qu'il y aura là des gens adorables que vous n'avez pas vus depuis longtemps.

Il pourrait vous falloir du temps pour y parvenir, mais sachez que vous pouvez y arriver, au moment où vous le voudrez.

Pour le moment, rappelez-vous que vous passez en premier ; faites confiance à votre moi intérieur pour savoir ce dont vous avez besoin. Comme nous l'avons vu dans la première partie, vous n'avez jamais à craindre d'occuper votre propre espace physique.

Au contraire, cela peut vous procurer une grande source de réconfort et vous offrir la plus grande clarté.

Leçon 17

JE N'AI PAS À TOURNER À PLEIN RÉGIME

L'impulsion dit : une fois que vous vous engagez dans une direction, il est probable que vous poursuiviez dans cette direction.

ABRAHAM HICKS

Vivre des transitions et de nouvelles expériences peut avoir des répercussions mentales et physiques.

Souvent, pendant les périodes de changement, quand nous avons le plus besoin de prendre soin de nous, nous nous sentons épuisés. Nous mangeons moins bien ou nous ne nous hydratons pas régulièrement. Le sommeil peut être perturbé en raison des pensées qui nous assaillent. Notre cerveau peut être dans le brouillard, alors que nous tentons de traiter nos émotions et de composer avec elles. Nous accordons la priorité aux besoins des autres, plutôt qu'aux nôtres ; il nous semble essentiel de ne pas les laisser tomber.

Bien sûr, rien de tout cela ne nous mène à tourner à plein régime, comme nous pourrions le faire. Et cela peut nous faire sentir plus mal, et même coupables.

Eh bien, c'est tout à fait acceptable, parce que nous n'avons pas à tourner à plein régime. Attendre quoi que ce soit de vous-même alors que vous êtes au pied du mur ne fait qu'ajouter de la pression. Pourquoi vous infliger cela, alors que ce dont vous avez besoin, c'est de bienveillance ? Et de la part de la personne qui vous soutient le plus : vous. C'est le moment de relaxer et de vous faire confiance, de faire confiance à la capacité de guérison du temps qui passe, et à la vérité intérieure : *ça ira*.

Et, tandis que vous laissez cela se produire, faites des choses qui aideront votre âme à prendre son envol. Remarquez et appréciez les petites choses qui ne sont pas aussi petites que cela, comme le fait d'être toujours en vie et d'avoir un toit au-dessus de votre tête. Cela donnera une impulsion aux sentiments de lucidité et de gratitude.

Puis, essayez de bâtir à partir de cet élan, de la façon qui vous plaira. Vous n'aurez peut-être pas envie de lire un livre, ni de regarder un film, ni d'aller vous promener, ni d'aller courir. Mais qu'arrive-t-il quand vous faites l'une de ces choses ? Remarquez-vous une petite lueur d'espoir ? Ce petit picotement qui vous fait sentir de nouveau *un peu* en vie, même si ce n'est qu'un tout petit peu ? C'est un modeste début pour vous donner l'élan qui vous permettra d'avancer dans la bonne direction. Les choses qui semblent vraiment accablantes peuvent attendre. Usez de moins de force et de résistance, et de plus de compassion et de douceur. Vous saurez quand vous aurez les idées plus claires et que vous serez en mesure de vous attaquer aux questions les plus pénibles.

Et cela vous arrivera. Parce que je peux vous promettre qu'un jour, pas très lointain, vous allez vous relancer dans l'action.

En laissant une trace de fumée dans votre sillage.

Leçon 18

JE VAIS METTRE UN PIED DEVANT L'AUTRE

Tout ce que je fais, c'est continuer à courir dans mon propre vide douillet et fait maison, mon propre silence nostalgique. Et c'est une chose assez merveilleuse. Peu importe ce que quelqu'un d'autre dit.

Haruki Murakami, *Autoportrait de l'auteur en coureur de fond*

Réfléchir consume beaucoup d'énergie. La plupart d'entre nous ne se rendent même pas compte qu'ils réfléchissent et procrastinent trop.

Vivre avec un esprit hyperactif nous absorbe tellement que nous oublions qu'en nous exerçant, nous pouvons commencer à ignorer nos pensées, simplement en leur accordant moins d'attention. Avec de l'entraînement, nous pouvons vraiment *agir* au lieu de réfléchir à outrance.

La séparation, alors que j'avais trois enfants, m'a enseigné ceci : je ne peux pas faire tout ce qu'il y a à faire. Je n'en ai tout simplement pas la force. Ironiquement, cela m'a rendue plus proactive, de bien des façons. Ayant été, depuis ma naissance, une personne « tout ou rien », je n'ai jamais rien fait avec modération. « À quoi sert de faire quelque chose si on ne peut pas le faire parfaitement ou complètement ? » C'est ce que j'aurais dit par le passé.

Et pourtant, même si je sais que je ne peux pas tout faire, je sais aussi que si je ne fais rien, je serai exactement dans la même position que maintenant. Alors, j'accomplis telle ou telle tâche, sans me sentir accablée parce que je ne peux pas mener à bien *tout* ce qui figure sur la liste des choses à faire. Et, par la suite, je ne me sens pas coupable ni déçue s'il reste 17 tâches à accomplir sur cette liste. Je suis plutôt fière d'avoir réussi à accomplir *quelque chose*, même si ce n'était que ranger le panier à lessive qui traînait sur la table de la cuisine depuis une semaine.

Mettre un pied devant l'autre, sans trop réfléchir ni nous remettre en question, est assez libérateur. Parce que nous pouvons exécuter la chose que nous voulons ou devons faire. Ce n'est que l'esprit hyperactif qui nous dit le contraire. Mais si nous traitons notre esprit comme un ordinateur ou comme un iPad et que nous l'éteignons, il nous reste la capacité de fonctionner à un niveau de base, orienté vers les tâches.

Il en va de même pour notre nouveau statut en matière de relations. Un pied devant l'autre. Aujourd'hui n'a pas besoin d'être extraordinaire pour que nous commencions à nous sentir un peu mieux.

Nous nous tournons dans la direction de notre nouvel avenir.

Et tant que nous continuerons à marcher (ou à courir, si vous préférez), c'est tout ce qui compte.

Leçon 19

JE VAIS ME CONCENTRER SUR LES DIX PROCHAINES MINUTES

La vie est toujours en mouvement,
donc on ne peut pas rester coincé.

ESTHER HICKS

Certains jours, même si nous avons fait des progrès la veille, nous nous sentons coincés.

Cela peut nous retarder, si nous ne faisons rien. Cela peut nous mener à l'endroit catastrophique où nous sentons que ce ne sera *jamais* plus facile. Comment cela se peut-il ? Ça allait, hier. Aujourd'hui, cela devrait certainement aller mieux, n'est-ce pas ? C'est comme ça que le progrès fonctionne, non ?

Et pourtant, nous *savons* bien que ça ne fonctionne pas ainsi.

Comme je l'ai dit, pendant toute une année, après ma séparation, j'ai flotté. Les bonnes choses ne cessaient d'arriver, c'était incroyable. Pratiquement tout le temps.

Puis, après m'être effondrée (en fait, il s'agissait plus d'une collision entre mon monde idéal et ma réalité), je n'ai plus *jamais* été aussi euphorique qu'au cours de cette première année. Parfois, je me sens réellement coincée. Plus cela se produit, plus j'en comprends l'essence et ce que cela m'enseigne, et plus je laisse cela se produire, plutôt que d'essayer désespérément de régler la question de façon à éprouver de nouveau cette sensation incroyable. Je sais aussi que demain ne sera probablement pas une journée où je me sentirai coincée. Rappelez-vous ce que nous avons vu à la leçon 9 : au bout du compte, il devient plus facile de croire que tout ira bien.

« Essaie de te remonter le moral au cours des dix prochaines minutes », m'a déjà dit une amie, alors que j'éprouvais des difficultés. « Fais quelque chose d'agréable, ou même de banal, pour te changer les idées. »

C'est ce que j'ai fait. Et qu'est-il arrivé ? J'ai cessé de planer au-dessus des nuages et je me suis sentie mieux. Parce que j'ai récupéré le pouvoir de changer ma vibration courante. Cela m'a rappelé que j'ai *toujours* le pouvoir de le faire. Moi. Et personne d'autre. Moi.

Se concentrer sur les dix prochaines minutes demeure l'une des techniques les plus efficaces que j'utilise, quand je ne peux plus avancer ou que le tableau d'ensemble devient flou. Ce qui fonctionne pour moi, me remonte le moral et me fait toujours avancer, c'est de me concentrer sur une chose banale que je remets sans cesse à plus tard (laver le plancher, ranger la lessive, etc.), tout ce qui fait cesser de tourbillonner mes pensées pendant un moment et me mène dans un autre domaine d'énergie. Le jogging, suivi d'un café ou d'une gâterie bien méritée, me procure un effet semblable. Il s'agit de trouver ce qui fonctionne pour vous et de le faire, sans protester. C'est le secret.

Parce que, les dix prochaines minutes, c'est tout ce que nous pouvons *vraiment* influencer.

Et pendant que nous pensons uniquement à ces dix minutes, s'envolent toute la pression et l'anxiété liées à un avenir incertain et angoissant, et cela nous fait sentir que nous pouvons tout faire. Ce qui, bien sûr, est *vrai*.

Leçon 20

JE VAIS CROIRE CE QUE LES AUTRES VOIENT EN MOI

Parfois, on ne peut pas se voir clairement,
jusqu'à ce que l'on se voie avec les yeux des autres.
ELLEN DEGENERES

Si vous avez déjà eu quelqu'un de votre côté, qui croyait vraiment et constamment en vous, vous savez à quel point cela incite à continuer, avec fierté.

Il n'est pas toujours facile de voir le bon en nous. Nous ne nous sommes pas entraînés à le faire. Lorsque nous en venons à une séparation, situation dans laquelle nous pouvons avoir été rejetés au profit de quelqu'un d'autre, ça peut être quasiment impossible. *Je dois avoir quelque chose qui ne va pas*, penserez-vous peut-être. Nous pouvons même en arriver à le croire si la séparation a été le fruit de notre décision, particulièrement si notre ex-partenaire tourne rapidement la page et trouve quelqu'un d'autre avec qui il (elle) semble beaucoup plus heureux (heureuse). *Pourquoi n'a-t-il (elle) pas voulu de moi ?*

Une fois que l'on est dans cet état d'esprit, qui n'a rien d'anormal, il peut être difficile d'en sortir. Le dialogue intérieur négatif se perpétue, et avant même que nous en ayons pris conscience, nous nous sommes créé un tout nouveau personnage qui n'est vraiment pas nous.

Même si nous devons ultimement apprendre à alimenter notre estime de nous-mêmes (ce que nous aborderons dans la cinquième partie), au début, il est vraiment utile d'avoir des gens qui croient en nous et peuvent nous stimuler et nous encourager au besoin. N'hésitez pas à demander leur soutien aux membres de votre entourage : ils en seront honorés.

Et même si vous ne vous reconnaissez pas en cette personne dont ils parlent avec tant d'enthousiasme et qui leur est si chère, vous n'avez pas besoin de le faire pour le moment. Fiez-vous au fait qu'ils vous *connaissent*. Ils vous aiment. Pour l'instant, ils vous voient mieux que vous ne vous voyez vous-même.

Croyez en ce qu'ils voient en vous. Bientôt, vous pourrez le voir vous-même.

Leçon 21

JE VAIS FAIRE PREUVE DE BONTÉ ENVERS MOI-MÊME

Si je ne peux pas vivre avec moi-même, c'est qu'il doit y avoir deux personnes en moi : le « je » et le « moi » avec lequel « je » ne peux pas vivre. « Peut-être qu'un seul des deux est réel », ai-je pensé.

ECKHART TOLLE, *Le Pouvoir du moment présent*

C'est une expression à la mode, ces jours-ci : « Soyez bon envers vous. » Qu'est-ce que cela veut vraiment dire ?

Au point de vue physique, cela pourrait signifier de vous occuper de vous : prendre soin de vous (autre expression à la mode). Manger mieux. Faire de l'exercice. Prendre un bain. Toutes les choses que nous pouvons faire et que nous méritons.

Et pourtant, faire preuve de bonté envers soi-même doit être plus profond que cela. Et c'est souvent beaucoup plus difficile que de simplement se faire couler un bain. C'est parce que notre ego constitue un obstacle ; cet ego étant toute image que nous avons de nous-mêmes et qui nous donne l'impression d'une identité qui est inexacte, habituellement dérivée des choses que nous nous disons et des choses que d'autres personnes disent à notre sujet et que nous avons décidé d'accepter comme la vérité.

Notre ego n'est pas *réel* ; c'est une création de trop nombreux objectifs, influences et pensées. L'ego agit surtout sous le coup de la peur, de l'irritation, de la colère et de la tristesse. Il essaie de nous pousser à agir, à critiquer et à nous dissocier de ceux qui nous entourent. Il aime que nous soyons « mieux » que les autres et il fera n'importe quoi pour parvenir à ses fins. Donc, quand vient le moment de faire preuve de bonté envers nous-mêmes, l'ego constitue un énorme obstacle, parce qu'il se comporte comme un parent dominateur qui nous juge et nous réprimande pour n'avoir pas agi aussi bien que nous aurions pu le faire. Il nous empêche d'établir le lien avec notre enfant intérieur, cet enfant qui est là depuis notre naissance et qui a encore besoin que nous nous en occupions, comme s'il s'agissait d'un enfant *réel*.

Jusqu'à quel point cela est-il insensé ? Écouter volontairement quelque chose qui n'est même pas réel et nous y fier. Nous lui faisons confiance.

Alors, pour moi, être bonne envers moi-même, c'est aller au-delà de mon ego, bien au-delà de ce que je suis, de ce que j'ai fait ou n'ai pas fait, et m'aimer inconditionnellement (nous en verrons davantage à ce sujet à la leçon 76). J'ai commencé à visualiser le fait de ranger mon ego dans une boîte ou à voir mon âme qui vole au-dessus de moi, me surveillant et me guidant quand mon ego est entêté et veut prendre le contrôle. Car, parfois, il est utile d'avoir une image tangible, et mon âme est toujours un guide plus fiable que mon ego.

Apprendre à s'aimer soi-même est ce que chacun mérite. C'est particulièrement important lors d'une séparation, lorsque notre ego pourrait percevoir la fin de la relation comme un échec ou une sorte d'inaptitude de notre part.

Alors, n'écoutez jamais la voix intérieure qui vous attaque. Elle ne vient pas de votre âme. Elle vient de *vous*.

Essayez plutôt d'entrer profondément en vous, de choisir des mots empreints de bienveillance, d'observer la façon dont vous vous parlez, et de soigner votre enfant intérieur.

Les âmes n'engendrent ni colère ni haine. Ce sont les ego qui font cela.

Leçon 22
JE VAIS DEMANDER DE L'AIDE

Rien n'allège autant la souffrance qu'une personne qui tend la main à celle qui souffre.

DEEPAK CHOPRA, *La Blessure invisible*

Au cours des mois qui ont suivi ma séparation, j'ai pu constater le nombre de personnes de mon entourage qui constituent un champ de force d'amitié.

Ce n'étaient pas nécessairement les gens que je m'attendais à voir à mes côtés, mais ils m'ont fait sentir qu'ils étaient là.

C'était *vraiment* important, alors que je cherchais mes repères. Cela signifiait que je savais qu'il y avait des gens à qui je pouvais demander de l'aide si j'en avais besoin ou si je passais une dure journée. Et il m'est arrivé de leur demander de l'aide à l'occasion.

J'ai trouvé que le fait de demander n'est pas la même chose que lever la main en disant : « Je ne peux pas m'en sortir. » Car je *peux* m'en sortir. Et vous aussi. C'est seulement que, aujourd'hui, nous allons le faire avec un peu de compagnie. Il n'y a rien de mal à cela.

Et puis, quand nous donnons aux autres l'occasion de nous aider, cela ne fait pas que nous aider : cela *les* aide aussi. Parce que cela nous relie à la transmission d'une belle énergie charitable, qui fait du bien *autant* au donneur qu'au destinataire.

Ces liens ont été le plus grand plaisir rattaché à ma séparation. Aujourd'hui, je les recherche partout, avec tout le monde. Et pas seulement quand je suis avec des amis proches. Mais aussi à la porte de l'école. À la caisse de l'épicerie. Avec un étranger qui passe. Parce que je constate que la façon dont nous nous comportons avec les autres *compte* : les mots que nous employons, les gestes que nous posons. Mon moral a été remonté par la gentillesse ou par la chaleur d'un étranger. Cela change *tout*. Et ce pourrait être le tour d'un étranger d'en mériter autant.

Quand nous établissons un lien dans un contexte d'amour, nous rehaussons l'énergie vibratoire des uns et des autres. Et c'est contagieux. Cela en attire toujours davantage. Et cela a un effet domino bien au-delà de l'interaction personnelle.

Cela a le pouvoir de tout changer.

Au cœur de la vie occupée que nous menons, il est possible que nous pensions ne plus être sur la même longueur d'onde que les autres. Cela ne signifie pas que personne n'écoute. Il y a toujours quelqu'un qui écoute.

Et il n'en faut pas beaucoup pour faire jaillir l'étincelle. Alors, si vous passez un dur moment, parlez-en à quelqu'un. Qui que ce soit. Prenez le téléphone. Rencontrez un(e) ami(e) pour prendre un café. Confiez-vous à la caissière. Effondrez-vous en larmes s'il le faut. Vous vous sentirez tellement mieux après avoir parlé de ce qui vous tracasse. Rendez la pareille ; soyez la personne qui prendra le temps d'écouter, qui fournira à quelqu'un d'autre l'occasion de s'épancher, sans essayer de régler ses problèmes.

Nous avons tous soif de ce contact humain ; et quelle que soit la personne que vous écouterez, elle sera aussi reconnaissante que vous d'avoir eu l'occasion de partager des émotions et de se faire réconforter.

Nous nous soucions des moments difficiles que vous pouvez vivre. Et quand nous sommes mis au courant, nous faisons tout ce que nous pouvons pour vous aider.

Il vous suffit de le demander.

Faites-le !

Leçon 23

JE TIRE DE LA FORCE DE CEUX QUI COMPRENNENT

Cela nous aide de reconnaître notre humanité commune.

DOUGLAS ABRAMS, *The Book of Joy*

Engager le dialogue avec quelqu'un qui vit une situation semblable à la nôtre peut être une source de grande force.

En tant que parent séparé, j'ai constaté que personne ne comprend *mieux* ma situation qu'un autre parent séparé. Comment cela pourrait-il en être autrement ?

Je me rappelle une conversation que j'ai eue avec la réceptionniste à la piscine, après avoir parlé sèchement à mon ex-mari au téléphone. « Je reconnais cette conversation », a-t-elle dit avec un sourire empathique.

Elle n'avait pas besoin d'en dire plus. Ces quatre mots en disaient long. « Je comprends et je *sais*. » Cela m'a fait me souvenir, à ce moment-là, que j'avais besoin qu'on me rappelle que je ne suis pas la seule personne qui doit faire face aux défis des chefs de famille monoparentale.

L'empathie (recevoir *et* donner) donne du pouvoir. Elle nous renforce. C'est la puissance du lien humain, encore une fois. C'est l'une des meilleures raisons de partager nos vies dans les médias sociaux.

Nous cherchons tous à être compris. À être à notre place. Quelque part.

Notre objectif ultime est de pouvoir prendre notre envol sans avoir l'aval des autres ; *cela*, je connais. Mais je reconnais aussi qu'il y a des fois où un peu d'empathie et d'encouragement nous donnent le coup de pouce nécessaire pour nous permettre de « décoller ».

De sorte que nous puissions reprendre notre vol.

Leçon 21

JE NE SUIS JAMAIS SEUL(E)

La conscientisation, c'est apprendre
à se tenir compagnie soi-même.
GENEEN ROTH, *Breaking Free from Emotional Eating*

La séparation peut nous faire sentir seuls, jusqu'à ce que nous comprenions qu'il s'agit uniquement de notre perception.

Si, pour nous, le sens ultime réside dans le fait d'être la moitié de quelqu'un d'autre, c'est que nous avons oublié que nous sommes déjà un tout, dès le départ.

Lorsque mon ex-mari a quitté la maison, j'ai eu la chance de vivre encore avec mes trois enfants. Je n'étais donc *jamais* seule, et pourtant, il y a eu des jours où je me suis sentie désespérément esseulée, surtout quand je me torturais en pensant à d'autres couples et à d'autres familles, vivant heureux autour de moi, même si ce n'était que dans mon imagination.

Le désir physique d'un autre être humain était palpable. Être dans les bras de quelqu'un. Être comprise. Recevoir une petite touche d'amour d'une autre personne (âgée de plus de deux ans et qui n'avait pas le visage un peu collant).

À mesure que je recollais les morceaux pour redevenir une personne *entière*, ce désir s'estompait. Je voulais vraiment encore avoir des bras robustes autour de moi, mais c'était quelque chose que je souhaitais, plutôt que de ne pouvoir vivre sans cela.

Pour autant que j'étais en harmonie avec moi-même, je ne sentais pas l'intensité de la solitude. Je me suis habituée à ma propre compagnie, le soir, et les jours où les enfants étaient avec leur père (voir la leçon 70), et cela m'a même plu. J'ai cessé d'associer le fait d'être seule au fait d'être esseulée. Ce ne sont pas des synonymes.

Je ne suis pas solitaire parce que je suis seule.

Ce ne sont pas mes mots, de toute façon. C'étaient les mots de la société, des médias, des gens autour de moi qui ne pouvaient pas s'imaginer être célibataires, seuls ou sans leur autre moitié.

Quand on commence à se voir comme un tout, maintenant et toujours, comme une personne qui n'a pas besoin de quelqu'un d'autre (et le reste de ce livre abordera *la façon* d'y parvenir), on décide de ne jamais être seul, pas au sens d'« esseulé ».

À mon avis, il n'y a pas de meilleur état que la séparation pour nous démontrer cette vérité.

Lorsqu'on est tout pour soi, on est en parfaite harmonie avec la partie de soi qui détient sa vibration, peu importe ce qui se passe autour.

Puis, tout le reste et tous les autres deviennent du glaçage et des décorations sur le formidable gâteau que vous êtes.

Leçon 25

JE VAIS SOUTENIR LES AUTRES

En ce monde, personne n'est inutile s'il allège le poids des autres.

CHARLES DICKENS, *L'Ami commun*

Lorsque mon amie s'est trouvée séparée, avec deux bambins à charge et un autre en route, j'ai pu lui offrir mon soutien grâce à ce que j'avais vécu lors de ma propre séparation, même si nos situations différaient beaucoup.

Je pouvais voir, même si elle ne le pouvait pas encore, que tout irait bien pour elle, sans mon aide ni celle des autres. Malgré son chagrin, je pouvais voir la force intérieure qui l'habitait. Et elle continue de m'étonner.

Un an plus tard, elle planait. Et elle plane encore. Elle dit qu'elle n'aurait pas pu s'en sortir sans ses amis. « Vous m'avez donné de l'espoir. »

Bien sûr, elle a tout fait par elle-même. Mais je connais la gratitude qu'elle ressent. J'en éprouve à l'égard de toutes les personnes qui ont pris (et prennent encore) le temps de me soutenir. Je leur en serai toujours reconnaissante.

Et il vaut la peine de noter que ce que vous vivez maintenant vous permettra d'offrir du soutien à quelqu'un d'autre, un jour. Votre souffrance aidera à guérir celle de quelqu'un d'autre. Cela peut sembler inimaginable, mais c'est vrai. Vous allez améliorer la situation. N'est-ce pas incroyable ?

Il existe des gens formidables, sur cette planète, qui ont le don de l'empathie ou qui ont acquis des compétences en matière d'écoute, sans avoir vécu tous les scénarios possibles de la vie.

Et puis, il y a *vous*, qui allez aider une autre personne à se sentir mieux.

Rien qu'en *étant* vous-même.

Leçon 26

JE VAIS RECHERCHER LA PAIX

L'ego dit : « Une fois que tout sera en place, je serai en paix. »
L'esprit dit : « Trouve la paix et tout sera en place. »

MARIANNE WILLIAMSON

Dans la première noble vérité, Bouddha nous présente l'idée que la souffrance (*dhukka*) est certaine, mais facultative. Il est vrai que, parfois du moins, nous pouvons simplement (ou peut-être pas si simplement, il faut de l'entraînement) décider de *ne pas* souffrir, en ne laissant pas notre peine prendre le dessus et en nous concentrant sur autre chose, pour attirer une vibration différente.

La vibration de paix.

Où la paix existe-t-elle, pour vous ? Y avez-vous même déjà songé ? À quand remonte la dernière fois où vous l'avez *vraiment* ressentie ?

Moi, la combinaison de la nature et des exercices m'a toujours procuré les plus purs moments de joie et de paix. Sous un vaste ciel.

Courir dans mon parc préféré. Observer les arbres et sentir la terre sous mes pieds. Admirer les crêtes des vagues et les marées. Être en présence d'une beauté naturelle historique qui a survécu à plus de catastrophes que je n'en verrai jamais.

Me rappeler que je ne suis qu'un minuscule organisme vivant dans un gigantesque univers majestueux m'apaise toujours et me rend plus bienveillante. Cela atténue mes problèmes. Cela calme mon esprit. Cela me fait sortir de mes pensées, dans lesquelles je passe parfois trop de temps.

Votre paix sera différente, mais cela vaut la peine d'y accorder votre attention et de la rechercher, comme nous le faisons si facilement et naturellement pour la souffrance. Apprenez à simplement *être*.

Depuis ma séparation, je suis beaucoup plus à l'aise de simplement *être*. Je me soucie moins d'analyser et de réparer, et je suis plus heureuse d'accepter ce qui *est*. Certaines choses n'ont tout simplement pas besoin d'explication ni de réponse tout de suite, et peut-être même qu'elles n'en auront jamais besoin.

Et c'est là que réside la paix, si ce n'est que pour un moment.

Leçon 27

JE VAIS PRENDRE CONSCIENCE DE L'AMOUR SOUS TOUTES SES FORMES

L'amour est en toi. L'amour est partout.

IVY RANSOM (ma fille de six ans)

L'amour. Mot qui, pour bon nombre d'entre nous, évoque probablement une image romantique, l'amour censé nous rendre complets.

Et pourtant, si nous ne parvenons pas à cet amour romantique, ou si nous nous résignons à un compromis de l'amour, ou si nous le perdons, qu'est-ce que cela signifie ? Que nous ne serons (plus) jamais heureux ? Que nous ne *connaîtrons* (plus) jamais l'amour ?

Lorsque ma fille de six ans m'a dessiné un cœur et a écrit les mots : « L'amour est en toi. L'amour est partout », j'ai constaté qu'elle avait déjà compris une chose que moi et bien d'autres avions oubliée depuis longtemps.

Premièrement, « l'amour est en toi ». L'amour de soi. La capacité de travailler fort et de nous aimer nous-mêmes, sans question. Ce n'est pas du narcissisme, car il ne s'agit pas de partager son regard sur soi avec le reste du monde pour exister. C'est l'amour inconditionnel ultime et celui qui nous servira à jamais, car il ne dépend que de nous pour s'épanouir. Nous examinerons cette question en détail dans la cinquième partie.

Deuxièmement, « l'amour est partout ». Il est l'énergie vibratoire que nous pouvons tous partager, si nous lui permettons de circuler librement. Plus nous propagerons l'amour, plus l'amour nous reviendra. Dans notre famille et chez nos amis, bien sûr. Nos enfants, si nous en avons. Mais j'ai aussi remarqué que je le ressens avec de purs étrangers quand leurs paroles ou leurs gestes proviennent d'un lieu d'amour.

L'amour. Nous devons redéfinir son sens et sa source.

Parce que l'amour *est* en vous et partout.

TROISIÈME PARTIE

LA CONNAISSANCE

COMPRENEZ-VOUS AU MOYEN DE LA SÉPARATION

Dès notre jeune âge, on nous dit que la vie consiste à atteindre des étapes souhaitables et socialement acceptables. Les premiers pas. L'entrée à l'école. La remise des diplômes. Le premier emploi. Le premier appartement. L'amour. Peut-être le mariage et les enfants. La promotion. Une plus grande maison. Un meilleur emploi.

La quête ne cesse jamais.

Nulle part, dans cette liste, on ne trouve la séparation ou le divorce. Et pourtant, pour moi et bien d'autres, la séparation a été l'une des étapes les plus importantes et les plus libératrices de toutes.

Elle m'a appris beaucoup plus sur moi-même que toute autre chose, à l'exception, peut-être, de la maternité.

Et cela a été un tel cadeau inattendu, d'avoir eu l'occasion de me connaître et de m'examiner plus en profondeur, particulièrement dans les domaines où je désire grandir.

La séparation m'a donné une autre chance avec moi-même. Et les 11 prochaines leçons vont vous montrer comment.

Leçon 28
JE PEUX M'INVENTER DES HISTOIRES

Si tu ne sais pas, demande. Tu passeras pour un fou sur le coup, mais pour un sage, le reste de tes jours.
SÉNÈQUE LE JEUNE

Il y a quelque temps, j'écoutais un balado de Brené Brown, autrice de *Daring Greatly*. Elle parlait des désaccords avec son mari et de la façon dont elle les interprétait erronément, parce qu'elle ne les considérait que de son point de vue. «J'invente l'histoire dans ma tête, en ce moment», lui disait-elle, ce qui fournissait à son mari l'occasion de donner sa version des faits, de corriger son interprétation et de régler sur-le-champ leur différend, ou leur manque de communication, avant que la situation dégénère.

Ces mots ont touché une corde sensible, chez moi: «J'invente l'histoire dans ma tête, en ce moment.» Parce que je faisais *tout le temps* cela; surtout à l'époque où j'étais mariée. Je le fais encore, *parfois*, mais aujourd'hui, j'ai conscience de le faire.

Par le passé, j'ai cru savoir ce qu'une autre personne pensait ou ce qui la motivait, ce qui orientait ma réaction. Mais ma réaction n'était pas appropriée, bien sûr, parce que mon interprétation ne découlait que de mon point de vue. J'avais tout inventé.

Nous avons tous la capacité de faire cela, et si jamais vous avez analysé après coup une conversation que vous avez eue, vous savez à quel point la « reprise » peut être inexacte, et vous connaissez la quantité d'énergie que vous avez dépensée à mal l'interpréter.

Nous ne pouvons jamais savoir comment une autre personne se sent, à moins qu'elle ne nous le dise. Tout le reste, que nous *croyons* savoir, ce sont des histoires que nous conte notre ego, pour que nous nous sentions mieux ou pour nous forcer à trouver une solution.

Savoir que vous pourriez faire cela est extrêmement utile lors d'une séparation, surtout si vous avez encore des contacts avec votre ex-partenaire. Cette connaissance peut vous empêcher de vous enfoncer dans une spirale mentale, car elle peut vous aider à éviter de vous emmêler dans une chaîne de pensées hostiles, alors que vous tentez d'analyser et de comprendre le comportement de votre ex-partenaire.

Si les pensées ont pris leur source dans votre esprit, ce sont les vôtres. Ne vous leurrez pas en tenant pour acquis qu'elles sont vraies, simplement parce que ce sont vos pensées. Elles pourraient essayer de vous tromper, comme les pensées le font.

Quand nous nous trouvons au milieu d'un conflit, nous avons l'occasion de nous raconter une histoire différente. Une histoire qui commence par : « J'ignore pourquoi ils ont dit ou fait cela, mais si je ne peux pas le demander, je me dois, pour moi-même et pour eux, de ne pas me tourmenter avec une histoire fictive. »

Rappelez-vous : ce sont *vos* pensées, et non les leurs.

Leçon 29

JE SUIS RESPONSABLE DE TOUTES MES DÉCISIONS

Assumer notre histoire et nous aimer au cours de ce processus est la chose la plus courageuse que nous ne ferons jamais.

Brené Brown

La leçon récurrente que la séparation ne cesse de me servir est que je suis la seule responsable de toutes les décisions que je prends ou que je ne prends pas.

Il n'y a jamais personne d'autre à blâmer quand quelque chose ne fonctionne pas parce qu'à un certain moment, j'ai fait un choix, ou une série de choix qui m'ont conduite ici. Chaque décision, si petite soit-elle, a des conséquences. Il y a une cause, et il y a des effets.

Dans la première partie, nous avons vu que comprendre le rôle que vous avez joué dans votre séparation a un pouvoir de guérison. Assumer la responsabilité de vous-même et de vos décisions et prendre conscience du fait que c'est *seulement* vous qui envoyez votre vibration actuelle dans l'univers est l'ultime reconnaissance de vous-même. Même quand c'est difficile.

Et une fois que vous aurez réglé cette question, vous verrez que cela se répercutera dans *tous* les autres domaines de votre vie. Vous n'aimez pas votre emploi ? Vous pouvez faire quelque chose à ce sujet. Vous voulez vivre différemment ? Vous pouvez le faire, mais seulement en envoyant une autre vibration et une autre intention.

Cette prise de conscience donne du pouvoir, mais elle est aussi intimidante. « Assumer » a toujours cet effet, et nous avons tous été coupables de créer des habitudes qui, parfois, font que nous nous sentons mieux en rejetant la responsabilité sur quelqu'un d'autre. Nous nous imposons moins de pression pour aller de l'avant si nous pouvons dresser des obstacles externes sur notre chemin : « Je ferais cela si... »

Bien souvent, la pensée de prendre une décision est si déconcertante que nous la remettons à plus tard, tout simplement. Je croyais qu'il s'agissait d'une tactique négative de ma part : la procrastination. Maintenant, puisque je suis résolument responsable de ma vie, je me rends compte que c'est simplement parce que je ne connais pas encore la réponse. Et c'est bien comme ça. C'est pire de forcer une décision et d'en prendre une que vous ne sentez pas, parce que cette décision, prise à la hâte, a le pouvoir de créer un effet d'entraînement, et vous pourriez devoir vivre avec ses conséquences pendant des années.

Bien sûr, il y a des fois où il s'agit simplement de procrastination, et où je dois seulement faire une chose : mettre un pied devant l'autre.

Mais quand le chemin devant moi est envahi par le brouillard, je ne fais rien et je crois qu'il se dissipera, ce qu'il fait toujours.

Par contre, d'autres fois, je prends une décision instinctivement et avec confiance, parce que je *sais* que c'est celle qu'il faut prendre à ce moment-là.

D'une façon ou d'une autre, c'est *ma* décision.

Assumez *la vôtre*.

Leçon 30

JE PEUX ROMANCER MON ANCIENNE RELATION

Quand j'en viens à placer mon « ancienne » vie sur un piédestal et à penser qu'elle était parfaite, j'essaie de me rappeler que c'est une perspective romancée du passé qui ne sert qu'à me faire sentir mal à propos du présent.

TONI BERNHARD, blogue *Psychology Today*

En gros, il y a eu très peu d'occasions où je me suis demandé si je devais essayer de redonner vie à ma relation avec mon ex-mari.

Certaines de ces occasions ont coïncidé avec les dernières étapes de mon divorce, parce que j'éprouvais une sensation d'irrévocabilité, teintée d'un peu de tristesse. Même si, bien sûr, avec trois enfants entre nous, il n'y aura jamais *vraiment* de fin, du moins jusqu'à ce qu'ils atteignent l'âge adulte (et probablement même pas, à ce moment-là).

Les autres occasions ont été purement dues à ma tendance à romancer et à oublier ce qu'a *vraiment* été notre vie ensemble, par souci de partager notre vie familiale, plutôt que de vivre séparément. Ce n'est jamais une bonne raison.

L'esprit, ai-je découvert, excelle à engendrer des pensées fondées sur ce qu'il désire à tel ou tel moment. Alors, si on est un dimanche, que je cours dans le parc et que je croise des familles qui s'amusent joyeusement (ou semblent s'amuser) avec des trottinettes, avant que j'aie le temps de m'en rendre compte, mon esprit part à la dérive. Soudain, je vois les membres de ma propre famille sur ces trottinettes, et je me demande quand tout cela s'est écroulé et si notre vie était *vraiment* intolérable.

Nous avons déjà été comme eux, n'est-ce pas ?

Bien sûr, nous l'avons déjà été. Parce que toute relation comporte des moments de bonheur et d'amour, et il est pratiquement impossible de mettre le doigt sur l'instant où l'un de vous (ou les deux) a baissé les bras ou est passé à autre chose. Ce fut une série de moments, étalés dans le temps, dont vous n'avez jamais vu venir la conclusion, jusqu'à ce qu'elle se produise.

Puis, mon ex-mari me ramène les enfants et nous nous retrouvons en présence l'un de l'autre ; il me tend un sac de lessive, prononce quelques monosyllabes et repart.

Les pétales de rose de mon imagination tombent, un à un.

Et mes pensées retournent à ce que je sais être la vérité.

Nous ne sommes plus comme ces gens. Et c'est très bien ainsi.

Leçon 31

JE N'AI PAS BESOIN DE COMPARER MA VIE À CELLE DES AUTRES

Être célèbre sur Instagram, c'est comme être riche au Monopoly.

ANONYME

La comparaison est la mesure de la réussite d'aujourd'hui; c'est un baromètre déplorable et destructeur. Il ne suffit pas de réussir selon ses propres critères. Nous avons besoin de nous situer par rapport aux autres. Souvent, nous avons besoin d'être *mieux*. D'être plus riches. Plus heureux. En meilleure forme.

Le monde des médias sociaux a aggravé la tendance à se comparer et nous a donné un appétit presque insatiable à cet égard. Les histoires de réussite des autres. Les étapes heureuses des autres. Les autres. Point final.

Nous sommes obsédés par la carrière, les relations, la garde-robe, la maison et la popularité des autres. Nous accordons tellement d'importance à ces éléments que nous ne voyons même pas à quel point ils sont artificiels. Ces gens sont simplement mieux, plus riches, plus heureux ou en meilleure forme parce que nous le percevons ainsi. Ce n'est pas *réel.*

La comparaison repose sur notre propre perception pour exister ; si nous ne la prenons pas en compte et que nous ne l'alimentons pas, elle ne peut pas survivre.

La séparation remet en cause l'exercice même de la comparaison, car elle nous fait nous démarquer immédiatement de plusieurs de nos pairs, qui sont « plus heureux » en amour que nous. Pour nous, ce n'est pas discutable : ils sont encore avec leur partenaire, alors que nous ne le sommes plus. Soudain, nous n'avons plus à rivaliser ; nous n'avons rien à quoi nous mesurer.

Il faut du temps pour comprendre que cela deviendra une bénédiction.

Parce que nous n'aurons plus à observer l'éclat des gens qui sont ensemble depuis une situation où nous sommes mal à l'aise, sachant que notre relation est loin de ressembler à celle-là. Et nous apprendrons que la comparaison, ce n'est jamais parce que nous voulons la vie de quelqu'un d'autre ; il s'agit toujours de nous, et de ce que nous voulons que soit notre vie. C'est seulement qu'elle s'embrouille dans la situation des autres.

Et cette constatation s'étendra graduellement à tous les domaines de notre vie, pendant que nous apprendrons à canaliser notre énergie et nos intentions dans *notre* direction, sans nous valider pour les fins des autres (se valider *soi-même* est un sujet que nous aborderons à la leçon 51).

Il n'est jamais nécessaire de se comparer, d'impressionner ou de rivaliser avec les autres.

Je sais que lorsque cette interférence n'est pas présente, je suis heureuse *comme je suis* et *avec ce que j'ai*. Je sais que mon chemin est *à moi*, et à personne d'autre.

Je n'ai pas besoin de plus de contexte que cela. Et vous non plus.

Leçon 32
JE ME PARDONNE

Le pardon est la seule façon de se guérir
soi-même et de se libérer du passé.

DESMOND TUTU, *Le Livre de la joie.*

Il s'agit d'un principe que j'applique tous les jours de ma vie, particulièrement quand je subis un conflit intérieur. Je décide de simplement me pardonner.

Quelles que soient les circonstances. Quels que soient mes actes. Quelles que soient mes paroles.

À la leçon 21, j'ai parlé de faire preuve de bonté envers soi-même, et du fait que l'ego nous empêche d'établir un lien avec notre enfant intérieur et de le protéger. Celui-ci a besoin d'être compris et pardonné, toujours.

Si quelqu'un vous a déjà dit, comme ça m'est arrivé : « Tu es trop dur(e) envers toi-même », voilà une chose à laquelle vous devez travailler. Ce n'est pas facile si, pendant des années, vous vous êtes fait des reproches. Mais cela peut se faire. Et ça en vaut la peine.

Car, sous de nombreux aspects, se pardonner est l'état ultime d'où émanera tout le bien : ce sera l'effet de toutes les leçons et de tous les exercices de ce livre. C'est l'état dans lequel nous ne nous jugeons jamais et ne nous réprimandons jamais. C'est l'état dans lequel nous pouvons décider de vivre, en parfaite harmonie.

Pardonner, c'est vous témoigner de l'amour. Un amour inconditionnel. Le type d'amour qui brille rarement vers l'intérieur. Il recherche le bien en *vous* et le trouve (si cela peut vous aider à vous concentrer, dressez-en une liste). C'est un processus qui, à son tour, alimente l'acceptation du pardon chez les autres.

Quelles que soient les circonstances. Quels que soient leurs actes. Quelles que soient leurs paroles.

Car nous méritons tous le pardon, et cela commence avec nous.

Leçon 33

JE FAIS DES PROGRÈS, JAMAIS D'ERREURS

La seule véritable erreur, c'est celle dont nous n'apprenons rien.

HENRY FORD

L'échec. Les erreurs. Supprimons ces mots de notre vocabulaire. D'accord ?

Parce que si nous voulons vraiment changer notre façon de penser à propos de la séparation (et de la vie, tant qu'à y être), nous pouvons simplement décider de considérer les choses d'une manière plus positive et indulgente, en nous pardonnant.

Je pourrais me réprimander pour avoir épousé un homme auquel je n'aurais jamais dû unir ma destinée. Une « erreur » monumentale. Je pourrais interpréter tout ce qui s'en est suivi comme d'autres erreurs qui ont affaibli une structure déjà pas très solide. Je pourrais qualifier la décision d'avoir un troisième enfant de « pari diabolique ». Gageure que j'ai vraiment perdue.

Et les autres pourraient en faire autant.

Et pourtant, avec le regard d'aujourd'hui, rien ne me semble une erreur. Et surtout pas mon magnifique garçon. Chaque décision que j'ai prise et que je continue de prendre est un pas de plus sur la route qui s'ouvre devant moi.

Nous pouvons tant tirer de chaque expérience, heureuse ou douloureuse, et plus nous nous permettons de nous engager dans ces expériences, plus nous nous ouvrons à nos âmes, lesquelles croient vraiment que nous pouvons tout faire et nous encouragent toujours à essayer.

Nos âmes savent que nous faisons toujours des progrès, et non des erreurs.

Leçon 34

JE FAIS CELA POUR MES ENFANTS

... Je suis fière de mes années de mère célibataire,
plus que de toute autre partie de ma vie.

J. K. Rowling

J'ai décidé, dès le début, que j'allais vivre ma séparation de façon positive. C'était avant tout pour mes enfants, mais au bout du compte, cela m'a aussi énormément profité. En imposant ce changement à mes enfants, il fallait que je leur montre que cela améliorerait leur vie. Et c'est ce qui est arrivé. Vraiment.

Notre situation comporte d'importants avantages ; tout le temps que je peux passer avec eux, par exemple. Mais aussi, l'autonomie qu'ils ont gagnée, très naturellement, parce que je suis souvent au maximum de mes capacités, tant physiquement que mentalement. Il faut faire les choses différemment, en tant que chef de famille monoparentale, et je dois leur accorder plus d'indépendance, parce qu'il n'y a que moi et que j'ai mes limites. Mais en conséquence de tout cela, je les vois s'épanouir.

Ils sont conscients d'eux-mêmes et sont fiers de faire partie de la tribu particulière qu'ils ont créée, chose que j'ai toujours encouragée. Nous parlons souvent du fait d'être une équipe, et je me sens plus près de mes enfants et en plus grande harmonie avec eux que jamais auparavant.

Ils sont très compatissants pour leur âge et, en l'absence de mon conjoint, ils prennent soin de moi si je ne me sens pas bien, si je suis fatiguée ou déprimée. J'ai entendu d'autres parents dire qu'ils se sentent coupables quand leur enfant doit faire ceci ou cela, ou qu'il les voit fâchés ou vulnérables. Mais je crois que nos enfants se voient offrir une occasion incroyable d'observer que nous sommes vulnérables et qu'il est acceptable de ressentir ces émotions, au lieu d'y résister. Et c'est encore plus dynamisant pour eux de nous voir nous rétablir rapidement (voir la leçon 52).

Et puis, quand je me demande si je suis en train de faire un beau gâchis (parce que nous avons tous nos jours de doute), quelqu'un fait un commentaire sur la bienveillance de l'un de mes enfants. Un enseignant trouve l'un d'eux « fascinant » ou fait une remarque sur son sourire et son approche positive de la vie.

À ce moment-là, je sais que nous nous en sortons bien.

Tellement mieux que bien.

Si vous avez des enfants, soyez-en fier (fière). Faites ça pour eux.

Leçon 35

J'APPRÉCIE LES MOMENTS SANS CONFLIT

Nous ne réalisons pas que, quelque part en nous tous,
il existe bel et bien un moi suprême qui est éternellement en paix.

ELIZABETH GILBERT, *Mange, prie, aime*

Pendant longtemps, j'ai été tendue comme un ressort étiré. Je ne m'en rendais même pas compte, jusqu'au jour où mon ex-mari est parti et que mon état d'esprit a retrouvé son calme.

Il n'y avait plus rien. Plus de pensées torturantes. Plus d'anxiété couvant parce que j'anticipais toujours un inévitable conflit ou de la confusion entre nous, et le fait qu'il ne semblait tout simplement pas y avoir de moyen de communiquer entre nous.

Il n'y avait que moi.

D'un côté pratique, il n'y avait plus de frustration parce que mon mari n'avait pas effectué les tâches comme sortir les poubelles. Si vous en avez été l'un des protagonistes, vous savez que la « bataille des poubelles » est très présente dans les relations.

Chez nous, chacun notre tour, nous essayions de faire entrer dans les poubelles une petite pelure de pamplemousse, un sachet de thé ou une couche jetable de plus (celui qui gagnait passait GO, réclamait 200 $ et n'avait pas à sortir les poubelles). J'ai des amis encore mariés qui disent souvent que c'est plus difficile quand leur conjoint(e) est là et qui envient mon autonomie ; le coparentage est une compétence que l'on maîtrise avec le temps.

Il y a beaucoup à dire sur le fait de vivre sa vie sans conflit. On peut consacrer son énergie à tant d'autres choses. Et lorsqu'on le fait, on apporte de plus en plus de calme à sa vie.

Vous découvrez que vous êtes un(e) pacificateur(trice). Vous, qui avez déjà eu un tempérament si fougueux.

Et, à l'avenir, vous décidez de ne pas vous mêler des disputes des autres parce que vos propres conflits vous ont suffi. Vous choisissez des mots plus gentils et vous évitez de vous engager dans la politique qui couve sous la surface dans de nombreux groupes et collectivités.

Vous avez constaté qu'il existe une manière de vivre différente et préférable.

Une manière paisible.

Et vous commencez à la vivre.

Leçon 36

J'APPRENDS TOUJOURS

Et, toujours, il y avait la magie d'apprendre des choses.

BETTY SMITH, *Le Lys de Brooklyn*

Lorsque nous atteignons l'âge adulte, nous nous attendons à avoir toutes les réponses à la vie. Nous avons peut-être franchi certaines étapes. Nous allons de l'avant dans la poursuite de notre vie. Ce qui est peut-être le concept sous-jacent à la « crise de la quarantaine ».

« C'est *tout* ce qu'il y a ? »

La séparation nous arrête dans notre élan. Parce qu'elle nous force à réévaluer *ceci* : changer et nous adapter. Nous nous rendons compte que nous ne nous trouvons pas au point où nous croyions être. Et nous n'en savons pas autant que nous ne l'aurions cru. C'est le plus beau cadeau que nous déballerons jamais, même si nous n'arrivons pas immédiatement à défaire tout le ruban adhésif.

Tout événement marquant a le même effet.

Je sais que c'est la raison pour laquelle ma séparation a insufflé tant de dynamisme dans ma vie. Si mon ex-mari et moi étions restés ensemble, je n'aurais pas appris tant de choses ces quatre dernières années. Et c'est un privilège d'avoir un nouveau départ, avec toutes les richesses que j'ai récoltées en cours de route. De me rendre compte que *ce n'est pas* tout ce qu'il y a.

C'est une renaissance.

Et cela me revigore encore plus d'entendre des gens âgés parler des expériences et des apprentissages qu'ils font encore. Parce que si nous sommes ouverts et à l'écoute, nous allons apprendre et évoluer, comme nous sommes censés le faire.

Jusqu'à notre mort.

(Et au-delà.)

Leçon 37

JE N'AI PAS BESOIN DE TOUT CONNAÎTRE

N'importe quel fou peut savoir. Le but est de comprendre.

ALBERT EINSTEIN

À l'ère de *tout* connaître, de pouvoir avoir de l'information en une milliseconde et de vivre dans les médias sociaux, il faut subir un certain reconditionnement pour nous rappeler que nous n'avons pas vraiment besoin de *tout* connaître.

Surtout lorsqu'il s'agit d'une personne avec laquelle nous avons déjà été intimes.

Si vous avez déjà cédé à la frénésie de suivre votre ex-conjoint(e) dans les médias sociaux, vous savez où je veux en venir. Cela ne vous a jamais fait sentir *mieux*, n'est-ce pas ?

J'ai appris, en raison de ma séparation, qu'il vaut mieux ne pas dire certaines choses et ne pas poser certaines questions. Je n'ai pas besoin de *tout* savoir à propos des allées et venues de mon ex-mari, à part les moments convenus où il doit venir chercher nos enfants. Alors, je ne lui demande rien et je lui en dis peu sur ma propre vie.

Ce ne sont plus mes affaires. Et mes affaires ne le regardent pas.

Parce que même si, comme moi, vous vous êtes séparés d'un commun accord et que vous êtes restés relativement en bons termes, vous êtes toujours un être humain doté de sentiments. Et, certains jours, vous vous sentez blessé(e) ou rejeté(e) par votre ex-conjoint(e). C'est naturel. Vous avez peut-être élevé des enfants ensemble.

Vous n'avez pas à tourner le fer dans la plaie en fouillant les détails sur sa nouvelle vie sociale, son (sa) nouveau (nouvelle) conjoint(e) ou ses vacances flamboyantes. Contentez-vous plutôt de regarder les photos du chat de la grand-mère de votre ami(e).

C'est beaucoup plus sûr.

Leçon 38
JE CONNAIS MA VÉRITÉ

La vérité est rarement pure et jamais simple.

OSCAR WILDE, *L'importance d'être constant*

Parmi les choses qui m'ont donné du fil à retordre par le passé et qui ont refait surface lors de ma séparation, il y a le fait d'être mal comprise et mal interprétée par les autres.

En tant que personne qui essaie de vivre honnêtement, le fait d'être mal interprétée m'a toujours semblé être l'un des plus grands crimes que l'on puisse commettre à mon encontre.

Comment cette personne a-t-elle pu ne pas comprendre mes intentions ?

Si votre plus grand désir est d'éprouver un sentiment d'appartenance et de ne pas vous sentir intrinsèquement imparfait(e), il est certain qu'être mal interprété(e) est votre plus grande crainte et votre plus grand obstacle.

La séparation peut être le théâtre de parties adverses : l'équipe vous et l'équipe eux. Il y a beaucoup de marge de manœuvre pour la spéculation et les opinions. Vous voulez que votre ex-conjoint(e) comprenne *votre* point de vue. Vous voulez que les autres connaissent *votre* version des faits. Vous voulez qu'ils vous voient comme vous vous voyez vous-même. Vous voulez qu'ils voient le bon en vous.

Avec le temps, vous découvrez qu'il est impossible de combler ce besoin. Et que c'est inutile. Il suffit de trouver *votre* vérité et de la vivre, avec dévotion.

Alors, si vous craignez que votre ex-belle-mère ne vous ait considéré(e) erronément comme l'incarnation du diable, ou si vous vous demandez pourquoi votre ex-conjoint(e) vous comprend moins depuis votre séparation que pendant votre cohabitation, demandez-vous si votre perception n'a pas subi d'influence. Peut-être est-ce le cas ; alors, vous pourrez changer la vérité, pour vous-même. Ou peut-être avez-vous inventé l'histoire dans votre tête, une fois de plus (voir la leçon 28). Ou peut-être que *cela n'a aucune importance*.

Parce que, à quoi cela sert-il de pousser quelqu'un à penser autrement ? De *votre* façon ? Ce serait un travail à temps plein, qui vous laisserait peu de temps pour vous charger des vraies tâches à accomplir.

Connaître *votre* vérité.

Et la vivre.

QUATRIÈME PARTIE

L'EXPRESSION DE SOI

MONTREZ-VOUS TEL(LE) QUE VOUS ÊTES

S'exprimer est un domaine dans lequel nous ne sommes pas tous passés maîtres.

Dans un monde où, de plus en plus, nous nous comparons aux autres ou nous nous préoccupons de ce que les autres pensent de nous, nous avons simplement oublié que nous sommes capables de nous exprimer avec authenticité. Et nous devons le faire, si nous voulons être entièrement en harmonie avec nous-mêmes.

La séparation fournit une formidable occasion de le faire. Elle nous pousse à nous poser les questions suivantes : « Qu'est-ce que je veux ? » « Comment est-ce que je me sens face à cela ? » « Pourquoi est-ce que je fais cela de cette façon ? »

Cela remet en question notre système de croyances selon lequel les autres comptent plus que nous. Cela nous replace au centre de notre vie.

Les 15 prochaines leçons constituent les principales façons que j'ai utilisées pour commencer à *me* remettre en harmonie avec *moi-même*.

Leçon 39

JE M'AJUSTE, JE N'AJUSTE PAS LES AUTRES

Votre relation avec votre être intérieur est ce qui compte le plus.

Abraham Hicks

Les personnes qui se préoccupent de la vie ou du bien-être des autres le font sans se rendre compte qu'il ne leur revient pas d'assurer la bonne fortune des autres, mais plutôt d'assurer la leur. Nous ne nous rendons pas service *et* nous ne rendons pas service aux autres quand nous tentons de faire cela.

Nous pouvons être bienveillants et prendre soin des autres, mais il ne nous revient pas de les rendre heureux, d'assurer leur sécurité ou quoi que ce soit d'autre qu'ils recherchent. De même, il ne *leur* revient pas de nous rendre heureux, d'assurer notre sécurité ou quoi que ce soit d'autre que nous recherchons.

Et c'est concrètement impossible.

Mon mariage m'en a donné la preuve, alors que je m'attendais à ce que mon ex-mari fasse mon « bonheur » et que j'essayais de l'« ajuster » (lire :

le « changer ») au cours de ce processus. Ma séparation, dans toute sa gloire éclairante, a révélé l'impossibilité d'y parvenir ; c'est alors que je me suis rendu compte que je ne peux que m'ajuster moi-même.

Mes trois enfants continuent de me le rappeler quotidiennement. D'après mon expérience, il n'y a rien comme la maternité, quand on est aussi souvent à la « merci » des autres, pour remettre en question notre capacité de conserver notre vibration (je veux dire par là : maintenir la stabilité de notre énergie et de nos intentions, en harmonie avec nous-mêmes). L'auteur Eckhart Tolle dit qu'être parent fournit plus d'occasions d'atteindre l'état de conscience que la méditation.

Parce que rester en harmonie avec moi-même, plutôt qu'avec eux et leurs rapides changements d'humeur et expériences, exige une prise de conscience et un entraînement continus de ma part. C'est particulièrement vrai le matin, par exemple, quand j'essaie de ne pas me sentir frustrée devant la confusion qui règne souvent dans les préparatifs pour l'école (bien que nous nous y adonnions depuis des années), et je peux réagir à l'encontre de mes intentions en procédant à la microgestion de ceux-ci. Certains jours, je peux prendre du recul et constater tout le chemin que j'ai parcouru au cours de mes dix années dans mon rôle de mère ; je constate que je suis consciente et en harmonie. Mais, d'autres jours, quand j'ai laissé glisser cet état d'éveil, mes enfants me rappellent que j'ai encore beaucoup de chemin à parcourir pour m'ajuster, et non les ajuster, eux. Je leur suis reconnaissante de leur guidage.

Je m'ajuste ; je n'ajuste pas les autres.

Sur un autre plan, ils m'ont involontairement enseigné que ce n'est jamais mon rôle de « remettre le monde sur ses rails ». Ils se tournent vers moi pour régler les problèmes dans leur vie (mettre fin aux querelles d'enfants, combler leurs désirs, atténuer leur insatisfaction ou leur ennui), mais ce sont des tâches impossibles à accomplir pour eux, et essayer ne fait pas grand-chose pour les enrichir. Cela leur enseigne à compter sur les autres, et non sur eux-mêmes, soit la seule personne dont ils ont vraiment besoin. C'est la même chose pour les adultes dans nos vies.

Nous essayons de faire passer rapidement le pendule oscillant qu'est l'humeur de nos enfants de la colère et de la déception à la joie et à l'euphorie, parce que ne rien faire, nous, les parents, nous rend mal à l'aise. Mais tout parent qui s'est trouvé à la caisse d'un magasin, incapable de résister aux demandes pressantes de son enfant («Je veux ce jouet/bonbon maintenant!»), pour se trouver, quelques instants plus tard, devant une autre demande complètement différente, sait qu'il n'y a pas de véritable issue à cette approche. Si nous lâchons prise, en toute conscience, il est possible de créer une occasion permettant à nos enfants de s'ajuster eux-mêmes.

«*Vous* pouvez vous rendre heureux», dis-je à mes enfants. «*Vous* pouvez le trouver vous-mêmes.» Et, habituellement, ils y parviennent. Les enfants s'ajustent instinctivement eux-mêmes et n'essaient pas d'ajuster les autres. C'est nous, les parents et les adultes, qui leur retirons cette capacité, au fil du temps, car nous insistons pour qu'ils soient dans le «faire» plutôt que dans l'«être». Ou bien, nous le faisons simplement pour eux.

Nous n'avons pas tous des enfants, mais nous avons tous des catalyseurs. Un(e) ex-conjoint(e), certainement. Des amis. Des membres de la famille. Des collègues.

Si vous désirez toujours plaire ou que vous vous souciez de ce que les autres pensent de vous, il peut être difficile de ne pas essayer de vous ajuster aux autres; une si grande partie de votre réalisation de soi repose sur le fait que vous leur plaisez ou sur la perception qu'ils ont de vous.

Mais une fois que vous constatez que vous ajuster aux autres est une proposition impossible qui ne fait que *vous* limiter, vous pouvez commencer à vivre plus librement et à vous concentrer sur le processus qui, au bout du compte, vous apportera tout ce que vous désirez.

Vous ajuster.

Leçon 10

JE FORMULE MES PROPRES RÈGLES

Je ne vais pas me limiter juste parce que les gens n'acceptent pas le fait que je puisse faire autre chose.

Dolly Parton

J'ai grandi dans l'ordre. La structure. Les limites. Je constate maintenant que je me suis fiée là-dessus toute ma vie, pour donner un *sens* à ma vie.

Si je ne faisais pas les choses « comme il faut », j'étais certaine de ne pas « réussir ». Le contraire s'est révélé juste (vous en verrez davantage sur ce mythe à la leçon 42).

À vrai dire, j'ai appris que le fait d'obéir à trop de règles et de plans finit par me faire vivre une vie en *disharmonie*. Ils me rendent malheureuse et, au contraire, plus chaotique, car je ressens la pression qui me pousse à les suivre. Ils m'incitent à essayer, et je ne peux tout simplement pas faire preuve d'autant d'uniformité (et ce n'est pas nécessaire que je le fasse). Ils me donnent envie de me rebeller. L'uniformité n'est pas nécessaire, pour personne, et c'est de là que vient souvent la souffrance.

J'ignore aussi *pour qui* j'obéissais à ces règles.

La séparation m'a libérée, immédiatement, parce que cela a frappé en plein cœur du modèle d'ordre et de relation que je connaissais : mes parents, qui sont encore mariés, après 50 ans.

Cela m'a montré qu'il pourrait être tout à fait acceptable que je formule mes propres règles, pour moi et ma famille. Faire ses propres règles est dynamisant.

Je ne nie pas que nous ayons besoin d'une certaine structure et d'un certain ordre pour éviter que la civilisation ne sombre dans le chaos. Bien sûr, les enfants réagissent aux limites. Mais je suis certaine que nous pouvons arriver aux mêmes résultats si nous fondons nos efforts sur l'instinct et sur l'amour, plutôt que sur des règles rigides que nous avons cessé de comprendre ou qui ne fonctionnent plus dans notre situation courante.

J'ai gardé un certain degré d'ordre, dans ma vie. Nous avons tous besoin de manger, de dormir et de faire de l'exercice. Mais c'est flexible. Je n'impose pas de règles ou je n'obéis pas à des règles pour le simple fait d'en imposer ou de leur obéir. En fait, chez nous, il n'y en a qu'une : « Être une équipe. »

(Oh, et puis : « S'il te plaît, ramasse ton pantalon sur le plancher. »)

Leçon 41

JE CRÉE MA PROPRE ESTIME DE MOI-MÊME

L'estime de soi provient de la capacité à définir le monde selon ses propres conditions et du refus de se conformer au jugement des autres.

Oprah Winfrey

La séparation fracasse l'estime de soi, mais elle la reconstruit ensuite encore plus forte qu'elle ne l'a jamais été.

Car la séparation nous enseigne que plus jamais notre définition de « soi » ne reposera sur quelqu'un ou quelque chose d'autre que *nous-mêmes*.

Notre estime de soi est présente dans tout ce que nous disons et faisons. Le vocabulaire que nous utilisons, notre ton, notre langage corporel et nos actes. Ce n'est pas facile, ni naturel, que chacun croie en lui-même ; la cinquième partie abordera la façon dont nous le faisons.

Il est encore plus difficile de croire en soi si l'on a vécu une relation dans laquelle on a été critiqué, surtout si l'on ne s'en rendait pas compte. C'est dans ces circonstances que de vrais dommages peuvent être causés, car le message est tellement subliminal qu'il en vient à faire partie de vous : *qui vous êtes maintenant*. Vous n'avez pas ouvert la porte pour l'inviter, vous ne l'avez pas vu franchir le seuil, et vous ne vous êtes pas rendu compte qu'il vous redéfinissait, en cours de processus.

À la fin de mon mariage, j'en étais venue à croire que j'étais peu attrayante et pas très douée. Ma lumière s'était dissipée et mon estime de moi avait été remodelée par la façon dont mon ex-mari semblait me voir.

J'avais *permis* cela parce que je me voyais *uniquement* avec ses yeux.

Il a fallu notre séparation pour m'ouvrir les yeux et me montrer que *j'étais* douée. Je *suis* douée.

Je le *suis*.

Votre voix intérieure, si discrète qu'elle soit, est plus forte que celle de n'importe qui d'autre, qui *essaie* de crier plus fort, qui croit en savoir plus que *vous* à votre sujet.

Oui. *Vous* créez votre propre estime personnelle.

Et seulement *vous* pouvez ouvrir la porte.

Leçon 12

JE REJETTE L'IDÉE QUE LA VIE DOIT ÊTRE DIFFICILE

La facilité, c'est ce qu'il y a de plus génial.

STELLA MCCARTNEY

Travaille *fort*. Fais des efforts *laborieux*. Vis à la *dure*.

C'est le message qu'on nous transmet, même à l'école primaire, alors que nous grandissons et perdons l'innocence, l'acceptation et l'aisance de l'enfance.

Notre façon de penser en tant qu'adultes diffère considérablement de la façon de penser que nous avions quand nous étions jeunes. En cours de route, en sortant de l'enfance, nous avons commencé à entendre les autres dire que « la vie est difficile », que nous devons nous battre pour obtenir ce que nous voulons, que rien de valable ne s'obtient facilement. Ça vous semble familier ? Peut-être avez-vous entendu ces mots de votre propre bouche. Ça m'est arrivé, dans mes moments les moins lucides.

Ces messages sont inutiles et trompeurs parce qu'ils véhiculent des pensées et des efforts dont nous tirons la source dans la crainte et le doute de soi. Si c'est *tellement* difficile, qu'est-ce qui nous rendra assez brillants pour nous permettre de relever le défi et de réussir ?

Notre esprit devient négatif, anxieux et effrayé, et il a le pouvoir de nous confiner dans un lieu où nous ne voulons pas être, mais où nous restons parce que nous craignons de le quitter et d'échouer.

Quand j'ai eu fini d'écrire *The New Mum's Notebook*, j'étais inhabituellement sûre de moi et je n'ai pas remis en question mon accomplissement. Cela n'avait pas été difficile : cela m'avait semblé ne pas exiger d'effort. J'ai encore l'impression qu'il s'est écrit tout seul (ce qui est le cas). Mais, alors que j'attendais l'arrivée des exemplaires publiés à compte d'auteur, une partie de moi a commencé à se demander si cela aurait une quelconque valeur. Après tout, je n'y avais peut-être pas mis assez de travail et de souffrance. Mon esprit avait commencé à produire ses pensées habituelles : *rien de valable ne vient facilement*. Et pourtant, *The New Mum's Notebook* avait atteint des lieux et des pays que mon esprit anxieux n'aurait jamais cru atteindre.

Cela m'a enseigné la leçon suivante : la vie est aussi difficile que nous la rendons. Tous mes efforts jusque-là ne m'avaient encore menée nulle part. Et pourtant, lorsque j'ai *lâché prise*, des choses étonnantes sont arrivées.

Ma séparation est venue étayer cette idée. Une chose qui était censée être tragique et difficile m'avait en fait libérée et permis de vivre ma vie avec aisance.

Aujourd'hui, je rejette l'idée que la vie doit être difficile. C'est seulement notre façon de penser qui la rend ainsi.

Travaille avec *facilité*. Fais des efforts *légers*. Vis avec *aisance*.

Cela ne semble-t-il pas beaucoup mieux ?

Leçon 13

JE NE TIENS PAS COMPTE DES IDÉAUX DE LA SOCIÉTÉ

Notre société moderne est engagée dans le polissage et
la décoration de la cage dans laquelle l'homme est emprisonné.

Swami Nirmalananda

Chaque jour, des messages s'infiltrent de toutes parts dans notre conscience. Nous ne leur demandons pas d'entrer. Ils sont simplement là. Des intrus dans nos pensées.

Certains de ces messages portent sur nos relations.

Parce que la société aime que nous soyons en paires. Elle favorise les couples et les familles comportant deux parents de sexe opposé. Elle est conservatrice dans ses origines. Et bien que nous soyons en train de nous défaire graduellement de ces contraintes rigides, grâce au mariage et au parentage homosexuels, la société continue d'évoluer largement entre ces balises. Pour certaines personnes, il est encore inimaginable de décider d'être seul ou d'être capable de s'épanouir dans une famille monoparentale.

Et pourtant, plusieurs le peuvent et plusieurs le font. Moi, par exemple. Et vous aussi, vous le pouvez.

Au moment de ma séparation, j'ai fait le choix de ne pas tenir compte des idéaux de la société. En tant que chef d'une famille monoparentale, je savais que je me joignais à un groupe minoritaire qui est souvent stéréotypé et marginalisé par la société. Et pourtant, je ne me sentais pas pitoyable ni malchanceuse. C'était plutôt le contraire. Je me trouvais privilégiée d'avoir une autre chance. Je me sentais libérée de nombreux problèmes auxquels tant de mes semblables devaient faire face.

À part mes trois enfants, je n'avais que moi à qui penser. J'apprends à compter sur moi-même pour faire mon bonheur, parce que j'accepte (au fil des émotions et des expériences que j'ai traversées ces dernières années) le fait que je suis tout ce dont j'ai besoin.

Si, un jour, je suis de nouveau « en couple », ce sera un choix et un désir personnels, et non parce que j'ai besoin de quelqu'un ou que la société me trouve plus acceptable en tant que moitié d'un couple.

Les jours plus pénibles, il est plus probable que les idéaux de la société perturbent vos pensées, et il peut être plus difficile de ne pas tenir compte de ces intrus. *Si seulement* vous étiez en couple, *si seulement* vous étiez parent en compagnie du père ou de la mère de vos enfants, tout semblerait « normal ».

Serait-ce vraiment le cas ?

Lorsque vous atteignez ce point, prenez un moment pour vous demander : « Est-ce *ma* propre pensée ? Ou est-ce que je veux seulement m'intégrer ? » Réfléchissez et rappelez-vous un moment où votre statut de célibataire vous a libéré(e) et donné du pouvoir. Rappelez-vous ce moment où vous vous êtes rendu(e) à une réception non accompagné(e), par exemple, et que vous vous êtes beaucoup amusé(e) parce que vous n'aviez pas à vous occuper de quelqu'un d'autre.

Rappelez-vous la fois où vous avez emmené vos enfants se baigner et où vous avez réussi à ramasser tous les vêtements mouillés sans aide. Rappelez-vous la fois où vous avez pu manger ce que *vous* vouliez pour le dîner, en regardant des émissions de télé-poubelle, ce qui aurait irrité votre ex-conjoint(e). Fouillez dans vos souvenirs et ressentez de nouveau ce sentiment de libération.

Puis, pensez à quelqu'un d'autre qui vous inspire parce qu'il vit aussi « hors » des attentes de la société.

Et libérez-vous, comme vous avez su le faire, une fois après l'autre.

Leçon 11

JE NE ME LAISSE PAS DÉCONCERTER PAR CE QUE JE NE PEUX PAS CHANGER

Ne laissez pas les actes des autres diminuer
vos bonnes manières, car vous vous représentez
vous-même ; vous ne représentez pas les autres.

BOUDDHA

J'ai perdu beaucoup de temps et d'énergie à essayer de changer des résultats que je ne pouvais pas modifier, parce que ce n'était pas à *moi* de les changer.

J'ai donc cessé d'essayer. Tout naturellement, je ne me laisse plus déconcerter par *ce que je ne peux pas changer*, ce qui est beaucoup, en fait.

C'est un état qui apporte instantanément calme et paix. Si je ne peux pas changer la situation, alors pourquoi y consacrer une énergie précieuse ? Fin de la discussion. Cela peut sembler simpliste et impossible. Permettez-moi de vous expliquer.

Quand je me penche sur ce que je peux changer en ce moment même, je remarque mon humeur, mon énergie, mon élan, l'attention que je porte à mes pensées, la façon dont je décide de considérer quelque chose et la manière dont je parle ou dont je me comporte avec quelqu'un d'autre.

Quand je réfléchis à ce que je *ne peux pas* changer, je songe à l'humeur de quelqu'un d'autre, à son énergie, son élan, son attention, ses pensées, à la façon dont il décide de considérer quelque chose et à la manière dont il parle ou dont il se comporte à l'égard de quelqu'un d'autre. C'est ce que nous avons abordé à la leçon 38, et c'est un thème qui revient tout au long de ce livre : *nous*, et non pas *eux*.

Ne sous-estimez pas la puissance de vos paroles et de vos pensées dans ce que vous finissez par créer. Toutes les fois où je me suis permis de perpétuer une faible vibration de victime, des paroles négatives, ou même de discréditer quelqu'un, devinez ce que j'ai attiré ? La même chose, ce qui m'a fait plonger encore plus profondément dans l'abîme. Quand je constate que je ne peux changer telle ou telle chose, mais que je *peux* changer ma façon d'y réagir, les expériences qui suivent sont plus faciles et agréables. Cela ne me déconcerte plus.

Songez-y. Que *pouvez-vous* changer ? Que *ne pouvez-vous pas* changer ?

Quand nous nous séparons, *savoir* que nous n'avons pas à nous laisser déconcerter signifie que toute réaction que nous avons face aux actes de notre ex-conjoint(e) peut être atténuée simplement en nous rappelant que nous ne pouvons pas changer son comportement. Tout comme il n'est pas possible de connaître ses véritables motivations (voir la leçon 28), il n'est pas possible de changer ses actes.

Mais nous pouvons changer notre réaction, ce qui pourrait influer sur les résultats. Cela rendra certainement *notre* expérience plus agréable.

Au bout du compte, le résultat est le résultat, et nous devons le laisser se produire, quel qu'il soit.

L'acceptation amène toujours un certain degré de paix.

C'est *ainsi*.

Leçon 15

J'ATTIRE LES RÉSULTATS

Attends-toi à quelque chose de bon, peu importe ce qui est arrivé hier... Laisse aller le passé. Un monde d'abondance t'attend.

SARAH BAN BREATHNACH, *L'Abondance dans la simplicité*

Les résultats d'une autre personne ne sont peut-être pas nos affaires ni notre responsabilité, mais nos résultats dépendent entièrement de nous.

Pourquoi ne pas attirer les meilleurs résultats possible ?

Je sais maintenant que j'attire mes résultats principalement par mon humeur, mes pensées, mon élan ou mes actes. Ou par une combinaison de ces quatre éléments.

Je me visualise en train d'attirer ces résultats. Ou je le ressens. Ou, parfois, je dois *faire* quelque chose pour modifier mon dynamisme. Habituellement, le jogging me réussit, et de temps à autre, je fais de la méditation, à ma façon ; ce n'est jamais aussi intimidant que je l'aurais cru. Je n'ai qu'à déterminer ce qui fonctionnera pour moi, à ce moment-là. Et à m'y mettre. Vous pouvez en faire autant.

Lorsque l'attraction se fait avec aisance et amour, il est facile d'obtenir davantage. C'est ce que j'ai vécu dans l'année qui a suivi ma séparation. Mais quand nous sommes dans une situation difficile et inconfortable et que notre énergie est bloquée, c'est *beaucoup* plus difficile.

Alors, tandis que nous apprenons à vivre plus en harmonie avec nous-mêmes et que nous avons plus conscience de l'influence que nous pouvons avoir sur ce qui va nous arriver (à *nous*, et pas à quelqu'un d'autre), nous pouvons changer d'énergie plus rapidement (pour en savoir plus, voir la leçon 52).

Quand vous ne pouvez tout simplement pas changer vos pensées, je vous recommande de passer à l'action, de faire quelque chose, n'importe quoi, pendant dix minutes (voir la leçon 19). L'exercice est particulièrement efficace parce que bouger et concentrer notre esprit sur le bien-être physique et la respiration nous distrait de nos pensées. L'exercice nous fait nous *sentir* bien (même dans les zones les plus douloureuses), et cela nous rappelle que nous sommes *autre chose* qu'une humeur et des pensées, et que *nous* pouvons les surmonter.

Par exemple, le premier jour de mes menstruations, je me sens souvent léthargique. Un jour, je me suis réveillée dans un état particulièrement apathique. J'avais le luxe d'une journée sans les enfants, mais je ne me sentais aucunement motivée, même si j'avais une liste de tâches à effectuer, et certaines choses agréables à faire, qui allaient sans aucun doute me remonter le moral.

Mais je n'arrivais pas à me sortir du lit, pas même pour aller me faire un café.

Puis, juste comme ça, je me suis rendu compte que je *pouvais* attirer des résultats différents. Je n'avais pas à passer la journée à me sentir abattue et à subir des crampes, simplement parce que la première journée de mes menstruations se passe *habituellement* ainsi.

Alors, je me suis levée.

J'ai fait 15 minutes d'entraînement de haute intensité sur le plancher de ma chambre.

J'ai fait du café.

Et, une à une, j'ai effectué toutes mes tâches ; je n'ai pas repensé à mes menstruations, et ma journée a été vraiment satisfaisante.

Il m'a fallu deux ans pour atteindre ce point magique où *je* peux décider de la journée qui m'attend. Tous ces moments à me concentrer sur les « dix minutes suivantes » (et tous les mini-résultats qui en ont découlé et ont mené aux suivants) m'ont prouvé que je peux attirer mes propres résultats et que j'y arrive. Ma propre série de résultats. Chaque fois.

Le résultat suprême étant que je peux maintenant m'ajuster essentiellement, les jours plus difficiles, autant que les jours les plus faciles. Cela me donne beaucoup de pouvoir et change ma vie ainsi que ce que je peux accomplir.

Alors, allez-y et attirez ce que vous méritez. Réfléchissez. Ressentez. Canalisez. Agissez.

Et si vous n'avez pas encore eu l'expérience (la pratique) de vous rendre compte que vous attirez vos propres résultats, j'espère que cela vous montrera que vous le *pouvez*.

Et vous le *ferez*.

Leçon 16

JE ME PERMETS DE FAIRE CONFIANCE

Quand on se heurte à des problèmes où la peur joue un rôle dominant, on opte soit pour le contrôle, soit pour la confiance.

William Paul Young, balado *Super Soul*

Combien d'entre nous font confiance, absolument et sans exception, comme ils disent le faire ?

La confiance (en vous-même, en votre situation et envers les autres) est de nature inconditionnelle. Sinon, il s'agit d'autre chose. Cela signifie que nous devons conserver cette croyance, même si elle semble chancelante, *surtout* quand elle semble chancelante.

Quand, autour de nous, tout semble s'effondrer, nous devons nous permettre de nous effondrer aussi, assurés que quand nous atterrirons, même si nos os seront fracturés, notre cœur sera déjà en train de guérir.

Mais comment nous permettre de faire confiance, *quoi qu'il advienne* ?

Nous surmontons la peur qui nous fait douter et réagir, et nous décidons de nous faire confiance à nous-mêmes et les uns aux autres, quelle que soit la situation à laquelle nous faisons face.

En deux mots, nous *le permettons.*

Nous savons que le contrôle n'est pas bon pour nous, alors la seule option qui reste est la confiance.

Nous *le permettons.*

J'ai l'impression que c'est le bon moment pour aborder le désir d'avoir des enfants, parce que s'il semble que la possibilité de devenir parent soit menacée par la fin de la relation, vous avez besoin de vous orienter vers la confiance. Au cours des leçons, jusqu'à maintenant, vous avez commencé à voir que vous pouvez formuler vos propres règles et attirer vos propres résultats ; devenir parent n'y fait pas exception, et il n'y a pas deux expériences de parentage qui se ressemblent. Derrière chaque vie partagée par un parent et un enfant existe un creuset de scénarios : intentionnel, étonnant, traditionnel, extraordinaire, tous unis par un grand acte de foi. Permettez-vous de croire que *votre* enfant s'en vient.

Apprendre à se faire confiance inconditionnellement est une chose, mais pouvez-vous vraiment faire confiance aux autres, quoi qu'il advienne ? Votre relation peut déjà vous avoir laissé croire que vous ne le pouvez pas, par exemple si votre conjoint(e) était infidèle ou déloyal(e).

Alors, parlons du couple qui a vécu l'infidélité. Nous parlons naturellement de confiance, dans ce scénario ; c'est normal parce que la confiance a été « brisée » et qu'il faudra du temps pour la reconstruire, si c'est *possible.* Et pourtant, il y a des couples qui, avant même d'entreprendre cette démarche, savent sans aucun doute qu'ils passeront au travers. Ils ont confiance en *quelque chose* : eux-mêmes, en tant qu'individus dans leur relation, dans leur amour, ce qui leur *permet* d'aller de l'avant et de panser leurs blessures. Cette confiance ne se dément jamais. Cela ne veut pas dire que les gens qui se séparent à la suite d'une infidélité sont condamnés. Loin de là ! Plusieurs feront confiance à d'autres conjoints et auront une relation satisfaisante, malgré leur expérience passée, parce que leur instinct leur dictant de faire confiance à ce nouvel amour est plus fort que leur crainte.

Et puis, il y a la relation entre le parent et l'enfant. Si ma fille aînée me ment, j'ai l'impression qu'elle menace ma confiance, par le seul fait de me mentir. Mais si j'examine la situation d'une autre façon (avec confiance), je *crois* plutôt qu'elle a une *raison* pour me mentir (probablement la peur), ce qui atténue sa peur, et elle peut alors partager la vérité avec moi. Je conserve ma croyance ferme en *elle*, et elle conserve la sienne à mon égard.

N'est-ce pas ainsi que doit être la confiance? Inconditionnelle. Indéfectible. Sûre.

Je constate maintenant que le manque de confiance (en nous et envers les autres) prend racine dans notre *crainte personnelle* ; quelque chose qui menace notre équilibre. Et que, face à cette crainte, nous choisissons le contrôle et l'action alors que nous devrions simplement lâcher prise.

Permettez-vous de faire confiance. *Quoi qu'il advienne*. Même si cela vous mène vers un point incertain. Même si cela signifie de placer votre confiance en quelqu'un qui « vous a laissé(e) tomber ». Même si cela signifie de faire confiance aux résultats d'une situation différente, apparemment moins favorable, comme une séparation, une faillite ou quoi que ce puisse être.

Particulièrement dans ce cas.

Leçon 17

JE SUIS MA PROPRE VERSION DE LA RÉUSSITE

La plupart d'entre nous supposent que la réussite mène au bonheur... une fois qu'on a obtenu un emploi de rêve, une maison de rêve ou un(e) conjoint(e) de rêve, la vie sera comme elle doit être. Les nouvelles recherches montrent que si vous aspirez à la réussite, vous devriez d'abord viser à être heureux.

JAMES WALLMAN, *Time and How to Spend It*

Quand on dit : « Je veux réussir », c'est un peu comme quand on dit : « Je veux juste être heureux (heureuse). » Nous n'avons probablement pas cessé d'imaginer à quoi ressemble la réussite ou le bonheur. Bien que cela englobe probablement l'emploi, la maison et le (la) conjoint(e) de rêve.

Mais la *réussite* n'est qu'un mot. Et pris isolément, il ne veut pas dire grand-chose.

Dans notre société, on définit la réussite, et même le bonheur, par le statut, la prospérité et la comparaison : la comparaison de notre vie avec celle des autres.

Je sais qu'après une séparation, la réussite semble hors de portée pour plusieurs, qui considèrent la fin de leur relation comme un gigantesque échec honteux.

Mais la réussite est tellement plus que sa définition limitée déterminée par la société. Sachant ce que je sais maintenant, je dirais que la réussite, c'est simplement *vivre sa vie en harmonie avec ce qu'on est*, peu importe ce que toute autre « richesse » apporte ou n'apporte pas.

Au cours des dernières années, j'ai beaucoup appris sur le vide de l'interprétation traditionnelle de la réussite (dans les relations et la carrière), et j'en suis venue à comprendre que la réussite n'a de sens que si elle satisfait à *mes* critères, et non à ceux de quelqu'un d'autre.

Dans un monde où chacun *cherche* à obtenir la réussite, la reconnaissance et l'approbation (et où cela semble accessible à *tous*), *notre* propre version peut facilement être minimisée.

Mais le parcours de chacun suit un itinéraire qui lui est exclusif. Le véritable mérite de toute chose dans nos vies est l'authenticité avec laquelle cette chose nous permet d'atteindre ce que nous voulons créer. Ma réussite paraîtra *toujours* différente de la version d'une autre personne. Tout comme la vôtre.

Ce constat apporte de l'humilité et de la gratitude. Ainsi que du soulagement. Parce qu'une fois qu'on en a conscience, on est moins porté à retomber dans les perceptions erronées.

Alors, même si la fin de mon mariage peut facilement sembler un échec aux yeux des autres, j'y vois pour ma part la réussite de ma séparation et toutes les choses extraordinaires qu'elle continue de m'enseigner. Cela m'a donné une raison de me poser de grandes questions. Qu'est-ce que j'aime faire ? Comment est-ce que je veux passer mon temps, mon travail, ma vie ? Cela m'a fourni l'occasion de vivre tant de nouvelles expériences qui m'ont aidée à éprouver un sentiment de réussite, sur des bases nouvelles et plus simples, et même dans les plus petites choses.

Maintenant, la réussite ressemble à ce que je veux qu'elle soit : c'est faire de l'épellation avec ma fille avant l'école ; écrire un chapitre de mon prochain livre ; être assez motivée pour mélanger des ingrédients au hasard dans la mijoteuse ; emmener mes enfants en randonnée pédestre.

Et je n'ai *jamais* éprouvé un sentiment de réussite aussi fort que maintenant, parce que, finalement, je sais comment vivre ma vie en harmonie avec *moi*.

Leçon 18

JE RESSENS DES CHOSES QUE JE NE DEVRAIS PAS TOUJOURS RESSENTIR

Les sentiments ne sont que des visiteurs.
Laissez-les aller et venir.

MOOJI

Cela me rassure d'entendre dire que des gens qui mènent une vie davantage dotée de sens, de spiritualité ou de conscience que la mienne sont parfois hésitants, eux aussi.

Être humain, c'est être incertain et vulnérable. Il est donc tout à fait logique de ne pas toujours nous sentir comme nous l'aimerions, même si nous nous y employons consciencieusement.

La colère. L'envie. Le ressentiment. Nous n'aspirons à aucune de ces émotions. Mais elles se pointeront, que nous le voulions ou non, et si nous les laissons s'installer, nous ne ferons qu'attirer encore plus ce genre d'énergie.

J'ai parlé de l'importance de l'acceptation de toutes nos émotions à la leçon 7, et je vais aborder le sujet de nouveau dans cette section, parce qu'il est nécessaire de nous sentir *à l'aise* face à cette réalité. Nous devons comprendre que des émotions « négatives » vont surgir, même si nous sommes « transportés » depuis un certain temps, même si nous vivons en toute conscience. Sinon, nous allons probablement continuer de nous blâmer toutes les fois où nous nous sentirons ainsi, parce que nous croyons que cela devrait être différent, maintenant. *Nous* devrions être différents.

Nous nous en tirons de façon exceptionnelle. Tels que nous sommes.

Quand nous ressentirons ces émotions, nous reprendrons probablement la mauvaise habitude de nous évaluer et d'évaluer nos vies selon les critères des autres. C'est ce vieil ennemi de l'harmonisation, une fois de plus : la comparaison (voir la leçon 47).

Eh bien, ce n'est pas que je veuille vous encourager, et ce n'est pas que cela compte, mais je veux juste vous rappeler que, de temps à autre, *tout le monde* se sent ainsi. *Tout le monde.*

Il se peut que vous ressentiez de la colère parce que votre ex-conjoint(e) a réussi à tourner la page plus rapidement que vous. Ou de l'envie, parce que votre ami(e) a *tout* ce que vous aviez cru que vous auriez. Peut-être est-ce du ressentiment, parce que vos rêves d'une relation amoureuse, d'enfants ou de sécurité financière semblent maintenant hors de votre portée.

Vous ne voulez pas vous sentir ainsi, et cela n'arrivera pas (ou, du moins, pas longtemps). Mais vous dire de *ne pas* ressentir une émotion n'est pas une option, et cela ne dissipera pas votre inconfort.

Et, entre-temps, lâchez prise. Ne jugez pas. Laissez passer. Décidez d'utiliser un langage bienveillant et réconfortant, et prenez conscience de vos paroles qui portent un jugement et un blâme. Vous ne vous sentirez jamais mieux d'avoir prononcé ces paroles ou de vous être joint(e) à une « campagne de salissage » d'une autre personne.

Faites quelque chose pour attirer les émotions que vous voudriez ressentir.

Vous vous en tirez de façon exceptionnelle. Tel(le) que vous êtes.

Leçon 19

JE TRANSFORME LA CULPABILITÉ EN AMOUR

La culpabilité est le professeur, l'amour est la leçon.

JOAN BORYSENKO

J'ai longtemps cru que la culpabilité était une expression de l'amour.

Après tout, nous ressentons de la culpabilité surtout quand nous avons agi dans un état de disharmonie ou quand nous avons honte de quelque chose que nous n'aurions pas voulu faire. Notre moi véritable sait que nous avons eu un moment d'égarement, et cela nous fait éprouver l'émotion que nous avons étiquetée comme la « culpabilité ». À ce moment, nous voudrions avoir été plus bienveillants, plus calmes, plus compatissants. Des états qui prennent tous leur source dans l'amour.

Quand elle provient de l'intérieur de nous et qu'elle ne nous est pas imposée par quelqu'un d'autre ni par une source extérieure, la culpabilité est un signal qui nous invite à nous remettre en harmonie avec notre moi aimant.

La culpabilité est le désir de retourner à l'amour.

Alors, si vous vous êtes manqué de respect ou que vous avez manqué de respect à quelqu'un d'autre, que vous avez perdu votre calme avec votre ex-conjoint(e), que vous avez crié contre vos enfants parce que vous êtes fatigué(e), ou que vous avez réagi trop rapidement, sans prendre le temps de comprendre le point de vue de l'autre personne, ne ruminez pas des sentiments de culpabilité. *Utilisez*-les plutôt pour déterminer le comportement que vous allez changer, afin que, la prochaine fois, vous puissiez agir à partir d'un sentiment d'amour.

Si la culpabilité nous est infligée par quelqu'un d'autre, il ne s'agit pas de nos remords, pour commencer ; ne gaspillez pas votre énergie à essayer de décortiquer la culpabilité qui vous est imposée par autrui.

Et, finalement, la culpabilité est un état auquel nous pouvons apprendre à ne pas nous laisser aller, si nous nous rappelons que rien n'est jamais *mal*, de toute façon : il est seulement mal de penser que *nous* sommes coupables.

Leçon 50
J'AI UNE CONSCIENCE ÉMOTIONNELLE

Ce que vous ressentez véritablement, à quelque moment que ce soit, n'est pas nécessairement qui vous êtes véritablement.

MARIANNE WILLIAMSON, balado *Super Soul*

J'ai toujours été chargée d'émotivité.

Mais aujourd'hui, je peux constater qu'être émotif et être conscient de ses émotions, ce n'est pas la même chose. Le premier, c'est la façon dont nous nous sentons ; le second, c'est avoir conscience d'où cette émotion provient et de la façon d'y faire face.

Quand mes émotions prenaient leur source dans l'amour, la plupart du temps, cela m'a bien servie ; et quand elles prenaient leur source dans la crainte, pas autant. Bien des fois, j'aurais dû simplement m'en aller, mais j'en ai été incapable parce que je n'arrivais pas à trouver la source véritable de ma bouffée d'émotions ni à gérer ma réaction en conséquence.

Mais, il y a quelque temps, j'ai *laissé* quelqu'un me dénigrer, et même si c'était totalement immérité et spontané, je n'ai pas tenté de rectifier la situation. Je suis rentrée chez moi en pleurant, mais mon amie m'a dit que ce que j'avais omis de faire, c'était de remarquer à quel point le calme avec lequel j'avais réagi avait été extraordinaire. Mon « moi habituel » disait à mon « moi intérieur » que j'aurais dû me défendre, de là ma forte réaction émotive. Bien sûr, on ne devrait jamais répondre à la grossièreté par la grossièreté, parce que, alors, nous ne sommes pas notre véritable moi aimant. Et la grossièreté de cette personne ne me visait pas, pour commencer; c'était un manque de conscience émotionnelle de sa part.

Moi, par contre, j'avais entrepris mon cheminement de prise de conscience émotionnelle, et je m'étais éloignée.

La séparation m'a permis de m'entraîner *beaucoup* en la matière: j'ai constaté qu'un bon nombre d'interactions entre mon mari et moi tiraient leur origine de la peur et du désir de contrôler, chez l'un comme chez l'autre. J'ai appris à prendre du recul face à mes émotions de peur, dans 80 % des cas. Parce que cette émotion, si réelle et authentique qu'elle me semble quand je l'éprouve, *n'est pas* vraiment moi.

Maintenant, quand je sens une forte émotion monter en moi, je considère toujours cela comme un signe, un déclencheur m'indiquant que quelque chose requiert mon attention. J'essaie de ne pas réagir pendant un moment de façon à pouvoir comprendre cette émotion. Parfois, c'est extrêmement inconfortable et j'aimerais mieux étouffer l'affaire par des mots de colère, en buvant un verre de vin ou en faisant autre chose pour calmer cette bouffée d'émotions. Mais, comme je l'ai appris, les émotions qui découlent de la crainte (l'envie, la colère, l'anxiété, la haine) doivent toujours être *ressenties* si l'on veut qu'elles passent. Cela ne signifie pas que l'on doive s'y laisser aller; en fait, c'est plutôt le contraire, parce que agir sous le coup d'émotions qui vous font du mal ne peut qu'avoir des conséquences destructrices. Mais il est utile de savoir d'*où* ces émotions proviennent.

Quand je n'arrive pas à lâcher prise (c'est particulièrement difficile quand je suis fatiguée, tendue, ou que mes hormones prennent le dessus) et qu'il arrive quelque chose qui me submerge d'émotions, ce qui me fait donc réagir d'une manière que j'aurais voulu éviter, j'y réfléchis après coup, non pas pour me blâmer, mais pour trouver la leçon à en tirer.

Qu'est-ce que l'univers voulait que je remarque, dans les moments de calme qui ont suivi ma colère ? Il y a toujours quelque chose, même si ce n'est que l'occasion de déterminer une autre réaction que je pourrais avoir à l'avenir.

C'est cela, avoir conscience de ses émotions, et ça devient de plus en plus facile, à mesure que nous le pratiquons.

Leçon 51

JE ME VALIDE MOI-MÊME

Cessez de vous tourner vers l'extérieur pour récolter quelques miettes de plaisir et de satisfaction, pour vous sentir confirmés, sécurisés ou aimés, alors que vous abritez en vous un trésor qui est infiniment plus grandiose que tout ce que le monde puisse vous offrir.

ECKHART TOLLE, *Le Pouvoir du moment présent*

Je suis la seule personne qui peut définir mes propres intentions, ma propre vérité et ma propre essence. Personne d'autre ne le peut. Seulement moi.

La séparation nous force à compter seulement sur nous, à sentir la position exclusive que nous occupons, à nous définir *en tant que* nous-mêmes. Pour plusieurs, la séparation constitue la première fois où ils vivent cette expérience, et peut-être à jamais.

Une fois que j'ai eu commencé à me confirmer, à me valider, je me suis rendu compte qu'il était insensé de m'attendre à ce que quelqu'un d'autre le fasse pour moi. Un conjoint. Un(e) ami(e). Un(e) collègue. Une connaissance des médias sociaux.

L'insécurité est un conduit qui donne de la force à ce que quelqu'un d'autre pense de vous. Et ce n'est pas pertinent. Votre existence est confirmée simplement parce que vous êtes ici, maintenant, apprenant à atteindre les buts qui vous sont propres (voir la leçon 97).

Bien sûr, à certains moments, nous *apprécions* tous une certaine forme de validation (c'est la nature véritable du lien que nous ressentons quand nous lisons ou entendons quelque chose qui nous interpelle). Mais ce sentiment a plus à voir avec le lien humain et le partage d'expérience qu'avec le besoin que quelque chose soit vrai pour que *nous* puissions y croire à notre sujet.

Abandonner le désir que les autres vous valident vous permet de vraiment établir le lien avec *vous-même*, sans influences ni pressions extérieures. Vous vous dirigez vers votre but, avec aisance et sans conflit.

Vous savez qui *vous* êtes et ce que *vous* désirez. Vous attirez donc des résultats qui sont en parfaite harmonie avec vous-même.

Des résultats qui n'attendent que *vous*.

Leçon 52

JE M'EN REMETS RAPIDEMENT

Parfois, la vie vous flanque un bon coup sur la tête ; ne vous laissez pas abattre.

STEVE JOBS

Il nous arrive tous de nous effondrer ; même les entrepreneurs qui réussissent le mieux et les leaders éclairés. En fait, *surtout* eux.

Le fait de nous effondrer ne compte jamais. Tout ce qui compte, c'est la vitesse à laquelle nous nous en remettons.

Depuis mon enfance, je me suis toujours effondrée avec fracas et ouvertement. Il s'agit du processus d'apprentissage de la conscience émotionnelle que nous venons d'aborder.

Mais je trouvais difficile de sortir des décombres, et j'avais honte d'avoir agi ainsi ou de m'être sentie ainsi : le danger de partager ses émotions et ses misères si publiquement.

Quelques semaines après que mon ex-mari et moi eûmes fini par aller de l'avant à la suite de notre séparation, *croyais-je*, nous avons frappé un autre mur.

Dans mon cas, les répercussions ont été énormes. Je les ai ressenties dans chacun de mes os et de mes muscles. Je n'arrivais plus à reprendre mon souffle, et la léthargie me submergeait. Je suis allée conduire les enfants à l'école, puis j'ai pleuré, j'ai regardé un mauvais film à la télé, j'ai pleuré encore, je suis allée me coucher, puis j'ai pleuré jusqu'à ce qu'il soit l'heure d'aller chercher les enfants ; je me suis traînée jusqu'à l'école, j'ai ramené les enfants, puis je suis retournée me coucher.

Je suis restée étendue. J'ai dormi. Je suis restée étendue. J'ai dormi. Mon aînée m'a apporté des pâtes qu'elle avait préparées pour elle-même, sa sœur et son frère.

Quelques heures plus tard, alors que la nuit était tombée, j'ai été réveillée par un baiser de mon enfant de quatre ans. Ce repos (mental et physique) et la pureté de ce joyeux visage innocent m'ont remise sur pied. La léthargie s'est dissipée.

Je me suis donc levée.

Et même si l'effondrement avait été intense, il avait été bref.

Parce que je l'avais laissé se produire. J'avais écouté mon corps et laissé mon esprit se refermer.

Et je me suis remise.

Alors, permettez-vous de vous effondrer, et n'en ayez pas honte. Faites-le en privé, faites-le en public, mais sachez qu'au bout du compte, vous trouverez un peu de guérison, un peu de clarté, et vous aurez vécu une autre expérience qui, une fois de plus, aura mis en lumière la force qui vous habite. Et vous n'aurez pas à craindre les effondrements subséquents (j'espère qu'ils seront peu nombreux et espacés) parce qu'ils serviront à vous rappeler que vous vous remettez *toujours*.

Leçon 53

JE TROUVE MON PROPRE CHEMIN

Trouver son propre chemin, c'est suivre sa félicité.

JOSEPH CAMPBELL, *La Puissance du mythe*

Je n'ai jamais aimé avoir à demander mon chemin. Je n'utilise pas toujours mon GPS (ou je ne lui fais pas confiance quand je l'utilise). Mes enfants font souvent des blagues quand nous sommes en route pour aller à une fête : « Est-ce que tu connais le chemin, cette fois, maman ? »

Ce n'est que lorsque j'ai commencé à rédiger ce chapitre que j'y ai pensé. Et je me suis rendu compte que *j'aime trouver mon propre chemin*.

C'est *l'absolue vérité*. Si quelqu'un me dit où aller et comment m'y rendre, c'est comme connaître la fin d'un livre avant de l'avoir lu. Cela gâche le plaisir. Où sont l'instinct, l'excitation et le parcours, si quelqu'un fait tout pour vous ?

Par le passé, j'ai toujours fini par me rendre *quelque part*, même si, comme ma séparation, il ne s'agissait pas de la destination prévue ou attendue.

Alors, la destination a souvent fini par être plus édifiante et satisfaisante que celle que j'avais prévu atteindre.

Ah, le merveilleux été avec les enfants, lorsque nous avons roulé en autocaravane pendant une semaine dans l'est du Royaume-Uni, illustre bien ce point. J'avais fait quelques plans, mais je me suis vite rendu compte que le plaisir et la liberté qu'apporte un tel voyage résident dans le fait de trouver son propre chemin et de sortir des sentiers battus ; à tel point qu'un soir, nous avons même abandonné un terrain de camping pour faire du camping sauvage sur la plage, expérience que je n'oublierai jamais. Après m'être éveillée à 6 h 30 au son du clapotis des vagues, je me suis baignée dans les eaux froides et vivifiantes de la mer au petit matin, avant de préparer des sandwiches au bacon sur notre cuisinière au gaz, et sentir mon cœur fondre devant le spectacle de mes enfants de quatre et de six ans qui se lavaient ensemble sur les galets.

Puis, il y a eu l'été où nous avons fait de la randonnée pédestre sur la côte Turquoise, en Turquie, sans savoir *vraiment* comment nous rendre d'un point à un autre.

Ces deux voyages ont été de vrais exemples des changements qui se sont opérés en moi lors de ma séparation, et de tout ce que la séparation m'a donné jusqu'à maintenant. La spontanéité. La foi.

Ironiquement, je crois que mon ex-mari préférerait la personne spontanée et aventureuse que je suis devenue.

Ces voyages sont les meilleures choses que mes enfants et moi ayons faites ensemble. Les meilleures choses que j'aie jamais faites.

Et je sais, sans équivoque, que littéralement ou métaphoriquement, je vais *toujours* trouver mon propre chemin.

Sans jamais avoir besoin de connaître la destination.

CINQUIÈME PARTIE

LE CARACTÈRE UNIQUE

PERMETTEZ-VOUS DE VOUS APPRÉCIER

Votre merveilleuse personne.

À mi-chemin de ce livre et de ce parcours, le moment est venu de commencer à vraiment *vous* apprécier.

Nous ne le faisons pas assez souvent. Cela nous semble étrange. Inconfortable. Peut-être un peu narcissique. Nous nous concentrons sur nos faiblesses et perdons de vue nos forces. Si vous trouvez difficile d'accepter un compliment, cette partie vous concerne tout particulièrement.

J'espère que la séparation vous montre déjà à quel point vous êtes unique. Il est possible que nous abordions la situation de différentes manières, mais nous le faisons avec une force semblable.

Vous êtes exceptionnel(le).

Et il est vraiment important que vous commenciez à vous considérer ainsi. Au début, vous aurez peut-être besoin d'un petit effort, alors voici 11 leçons qui m'ont aidée à le faire.

Leçon 54

J'AI DU COURAGE

Le courage commence lorsqu'on se montre
et qu'on se laisse voir tel que l'on est.

BRENÉ BROWN, *Daring Greatly*

Les personnes qui vivent une séparation ne se considèrent probablement pas comme courageuses. Probablement pas jusqu'à ce que quelqu'un d'autre souligne que le terme pourrait s'appliquer à elles.

Mais la séparation, quelle que soit la façon dont elle se produit, rend courageux. Il n'y a aucun doute là-dessus.

Elle nous transporte d'un lieu de grande vulnérabilité à un lieu de grand courage. Elle nous fait remettre en question l'ordre des choses. Elle nous permet de nous connaître nous-mêmes. Elle nous incite à nous libérer de la routine dont nous étions devenus esclaves et à essayer de nouvelles choses. « Pourquoi pas ? » devient notre mantra.

Nous n'avons rien à perdre ; nous avons déjà appris que cette perte nous a fait beaucoup gagner. Nous sommes de plus en plus à l'aise de « ne pas savoir », ce qui donne libre cours à un sens de l'aventure.

Rien que de décider ou d'accepter de faire cavalier seul demande du courage, et ce n'est pas tout le monde qui le ferait. Alors, quand une journée est difficile, que vous avez perdu votre chemin ou que vous vous sentez désespéré(e) face à ce que l'avenir vous réserve, rappelez-vous une chose, en disant à haute voix: «J'ai du courage.» Puis, redites-le autant de fois qu'il faudra pour que vous le croyiez.

La vérité est que passer à travers une séparation vous donnera probablement tellement de courage que rien ne vous impressionnera plus de la même manière. Vous vous laisserez beaucoup moins gagner par la peur qu'auparavant, parce que vous aurez fait face à l'inconnu et que vous vous en serez bien sorti(e).

Vous êtes un monument de résilience. Et vous ne cessez de grandir.

Leçon 55

J'AI DE LA GRÂCE

L'astuce est d'être reconnaissant quand votre humeur est bonne, et gracieux quand elle est sombre.

RICHARD CARLSON, *Ne vous noyez pas dans un verre d'eau*

Avez-vous déjà remarqué comme certaines personnes ont l'air de flotter avec grâce, sans effort, et sans jamais faire face à des conflits ?

Je croyais autrefois que la grâce était une qualité innée, mais elle peut s'acquérir et s'exercer, comme tout autre comportement. Et, comme toute autre chose, plus on la recherche, plus elle devient naturelle.

Quand des gens gracieux sont en retard, on ne s'en douterait pas. Quand ils ont des difficultés, ils restent calmes. Ils se respectent profondément et respectent aussi ceux qui les entourent.

Opter pour la grâce, en période de séparation, a un effet transformateur. Cela nous empêche de réagir à partir d'un état de tension ou de mécontentement, ce qui évite de perpétuer le cycle des disputes.

Cela nous aide à formuler des intentions qui nous serviront bien, jusqu'à loin dans l'avenir, comme le fait de ne pas parler en mal de notre ex-conjoint(e) en public ou sur Internet. J'ai toujours tenu fermement à cette intention. Même s'il y a eu des fois où j'ai ressenti une certaine injustice dans ma situation, je n'ai jamais partagé mes sentiments qu'en privé, avec ma famille ou une amie proche qui comprend (je me bute moins fréquemment aux « injustices », ces jours-ci). S'épancher dans les médias sociaux et inciter les gens à se ranger de notre « côté » ne nous fait pas nous sentir mieux. Et *viendra* le jour où la blessure ne sera plus aussi cuisante. Vous ferez la paix avec ce qui est arrivé et, lorsque cela se produira, vous ne regretterez pas de ne pas avoir dit à tous ceux qui voulaient bien vous écouter à quel point votre ex-conjoint(e) avait été épouvantable. Rappelez-vous : ce que n'importe qui d'autre *pense* savoir à propos de ce qui s'est passé ne veut rien dire, car c'est vous qui connaissez la vérité (voir la leçon 38).

De plus, faire montre de bonté rappellera à l'autre personne qui vous êtes *vraiment*. Vous êtes la personne dont l'autre est tombé amoureux. Cela a, en lui-même, un pouvoir de guérison pour vous, car cela vous maintient en harmonie avec vous-même et diminue les probabilités d'être mal interprété(e) ou mal compris(e).

Être gracieux, *ce n'est pas* être fermé ni prétendre que la vie est parfaite. Il s'agit simplement de faire le choix de gérer les situations d'une manière qui ne vous fait pas sentir mal à l'aise ou non authentique par la suite.

C'est le cadeau suprême que la bonté vous fait.

C'est la grâce.

Leçon 56

J'AI DE LA RECONNAISSANCE

J'ai la chance d'être en vie. J'ai une vie humaine précieuse, je ne vais pas la gaspiller.

LE DALAÏ-LAMA, *Le Livre de la joie*

On ne me doit rien. Et à vous non plus.

Cette affirmation vous fera hocher la tête parce que vous êtes d'accord, ou elle vous indignera : on est en dette avec vous. On vous doit la relation que vous croyiez que vous auriez. On vous doit le respect de votre ex-conjoint(e). On vous doit la vie que vous meniez.

Bien sûr, vous pouvez le mériter. Mais les dettes et les récompenses ne sont pas la même chose et ne fonctionnent pas de la même façon.

J'ai passé plus de temps que je ne m'en suis probablement rendu compte à sentir que mon ex-mari était *en dette* avec moi pour les années que nous avions perdues, et particulièrement pour les « moments spéciaux avec le nouveau bébé » et les années en famille subséquentes que je ne pourrais probablement plus vivre avec un conjoint compatible et aimant.

Et pourtant, à mesure que le processus de la séparation progressait, j'ai appris que je n'avais *droit* à rien de toutes ces choses, qui n'avaient jamais été garanties. J'avais semé mes choix et récolté les conséquences. Mon ex-mari ne me doit rien.

Je considère plutôt que je dois lui être reconnaissante. Et je le suis.

On ne me doit *rien* parce que j'ai *tout*, pourvu que je ne m'attende pas à ce que mon « tout » soit exactement le même que celui de quelqu'un d'autre.

Dorénavant, je n'attends rien de la vie. Je vais continuer de semer, de récolter et d'apprendre, en cours de route.

Et je serai reconnaissante pour toutes les moissons que je récolterai.

Leçon 57

JE DÉFIE LES AUTRES

La normalité est une route pavée : on y marche aisément, mais les fleurs n'y poussent pas.

VINCENT VAN GOGH

Ce n'est pas tout le monde qui trouvera que votre séparation se déroule avec facilité ou de façon positive.

À part les problèmes tout à fait normaux, comme le fait que les gens ne sachent pas quoi dire ou que les amis communs ne sachent pas comment socialiser avec vous deux séparément, d'autres facteurs font que des amis ou des connaissances puissent s'éclipser. Cela n'a rien de personnel et c'est rarement à cause de vous.

Certaines personnes vous préfèrent en couple : elles savent dans quelle case vous placer, de façon que vous ne remettiez pas en cause l'équilibre de leur monde.

Pour d'autres, la séparation, surtout s'il s'agissait de votre décision, peut susciter des sentiments désagréables à l'égard de leur propre relation ou mariage, sentiments qu'ils ont étouffés et auxquels ils ne sont pas encore (ou ne seront jamais) prêts à faire face.

Votre seule présence pourrait les remettre en cause, non seulement en raison de votre séparation d'avec votre conjoint(e), mais dans tout ce que vous ferez de « nouveau » par la suite. Vous allez sûrement les intriguer. Pour certains, vous voir vous séparer, vous et votre conjoint(e), peut susciter leurs propres insécurités et craintes : « Et si cela m'arrivait, à moi ? » Certaines personnes ne veulent même pas songer à cette réalité, de crainte de l'inviter. « Ce n'est pas contagieux », comme je le dis aux autres, même si plusieurs de mes amis se sont effectivement séparés depuis.

Avant ma séparation, je ressentais une pointe d'envie quand j'apprenais que d'autres se séparaient ou effectuaient un nouveau départ. Je me demandais comment ils en trouvaient le courage. À cette époque, comme je m'étais rendu compte que mon mariage n'était pas ce que je voulais qu'il soit, je m'étais sentie piégée. Comment partirais-je jamais, alors que la situation n'était pas assez difficile pour me forcer à partir ?

Certains vous diront : « Tout le monde se sent ainsi, après des années passées ensemble. C'est normal. » On m'a même demandé : « Pourquoi mériterais-*tu* plus que ça ? »

Depuis, j'ai appris que ce n'est pas tout le monde qui se sent ainsi, et que nous n'avons pas à accepter cette situation comme « normale ». Certains couples sont vraiment compatibles et heureux, malgré les moments difficiles ; ils évoluent ensemble et deviennent plus forts qu'à leurs débuts ; c'est comme cela que toute relation devrait être : une évolution commune.

Alors, oui, je *mérite* davantage.

Tout comme mon ex-mari.

Et tout comme *vous*.

Leçon 58

JE SUIS DÉSIRABLE

Prenez l'habitude de vous trouver belle.

REGENA THOMASHAUER, *L'Art du bonheur au féminin*

L'une des choses sur lesquelles la séparation a des effets considérables est la capacité de se croire encore désirable, non seulement physiquement, mais aussi sur les plans affectif et intellectuel.

En fin de compte, vous et votre conjoint(e) avez probablement omis de vous remarquer l'un l'autre, et surtout de vous complimenter l'un l'autre, de célébrer les réalisations de l'un et de l'autre, ou de partager un certain degré d'intimité.

Mais devons-nous être *désirés* pour être désirables ? Sommes-nous désirables uniquement si quelqu'un d'autre nous dit que nous le sommes ? Est-il possible de se trouver *soi-même* désirable ? Ou cela correspond-il à la définition du narcissisme ?

La loi de l'attraction dirait que pour être désiré(e) par quelqu'un d'autre, nous devons d'abord nous désirer *nous-mêmes*. Les semblables s'attirent. Comment pouvons-nous nous attendre à ce que quelqu'un d'autre soit attiré par nous si nous ne nous attirons pas nous-mêmes ?

Au moment où mon ex-mari et moi nous sommes séparés, j'étais d'avis que je ne devais pas être très attirante. Même si je ne m'étais pas « laissée aller » pendant notre mariage ni après avoir eu les enfants, comment pouvais-je être considérée comme attrayante, dans les circonstances ?

Il m'a fallu du temps pour rebâtir mon estime de moi et vraiment croire que le fait de ne pas être désirable pour *lui* ne signifiait pas que je n'étais pas désirable tout court. Une fois que j'ai eu compris cela, j'ai commencé à faire des efforts. J'ai fait encore plus d'exercice parce que cela me faisait sentir bien. Je sélectionnais quelque chose dans ma garde-robe, au lieu d'enfiler mon bon vieux jeans qui trônait sur le coffre à couvertures, au pied du lit ; cela ne me prenait que quelques minutes de plus, le matin, et me remontait le moral.

Je me suis rendu compte que je me sentais beaucoup plus désirable que jamais auparavant, quand mon ex-mari était là. Et cela signifiait que je n'étais plus irritée si quelqu'un ne remarquait pas que j'avais fait un effort. J'ai appris à m'admirer.

Je ne faisais rien pour attirer quelqu'un d'autre. Ce que je faisais, c'était pour moi, instinctivement. Je voulais me sentir bien, pas seulement de l'extérieur, mais surtout de l'*intérieur*. La désirabilité est une combinaison innée du physique et du mental.

Et c'est comme ça que j'ai découvert que la désirabilité ne diffère pas de tout ce que nous vivons d'autre.

Cela commence et finit par soi-même.

Leçon 59

JE M'INVESTIS DU POUVOIR

Placez votre avenir entre bonnes mains : les vôtres.

MARK VICTOR HANSEN, *Bouillon de poulet pour l'âme*

L'impression d'avoir du pouvoir va et vient, au cours de la vie et en période de séparation, mais c'est quelque chose que l'on peut invoquer. Une fois qu'on sait cela, c'est notre plus grand allié pour aller de l'avant.

Vous avez appris à vous investir du pouvoir depuis le début de votre séparation, et j'espère que vous parvenez à gérer la situation, du moins de temps à autre.

Les jours où vous vous sentez en perte de pouvoir et où vous devez creuser un peu plus profondément, il peut être utile de vous rappeler les avantages que procure le fait de s'investir du pouvoir :

~ ne pas se sentir victime ;
~ créer des possibilités ;
~ prendre ses responsabilités ;
~ donner l'exemple ;

~ inspirer les autres ;
~ décider de son propre chemin ;
~ ressentir de la joie.

Avec une telle liste, vivre autrement (dans un monde où l'on est en perte de pouvoir) n'est plus une option. Alors, dites-vous à quel point vous vous débrouillez bien et continuez.

La séparation, par définition, est le processus de distinction entre au moins deux choses. Dans ce cas, il s'agit de vous distinguer de votre conjoint(e), ce qui vous donne le pouvoir d'être l'entité que vous avez toujours la capacité d'être, la seule entité que vous pouvez investir du pouvoir.

Et cela doit rester votre point focal quand le bruit, autour de vous, essaie de vous écarter de votre chemin ; quand votre ex-conjoint(e) émet un commentaire ou pose un geste qui vous incite à réagir à l'encontre de vos intentions. Quand un(e) ami(e) ébranle (involontairement ou non) votre foi en vous et en votre situation de célibataire.

Quand cela m'arrive (et cela se produit, parce que nous sommes tous des humains dotés de sentiments), je lâche prise, je prends du temps pour moi, pour rétablir le lien avec la personne que je deviens et le lieu où mon chemin me mène. Autrement dit, je conserve mon pouvoir, au lieu de le donner négligemment aux mots ou aux actes qui ne serviront qu'à m'en enlever.

Je continue de m'investir du pouvoir.

Leçon 60
J'AI DE L'EMPATHIE

L'empathie est une qualité qui peut changer le monde ;
une qualité qui nous fait comprendre que nos obligations
envers les autres ne se limitent pas aux personnes
qui nous ressemblent et qui agissent comme nous...

BARACK OBAMA, discours d'investiture 2006,
Université du Massachusetts à Boston

Jusqu'à ce que quelque chose ébranle notre monde, je pense que nous pouvons être résilients de façon presque arrogante. Nous nous sentons invincibles parce que nous n'avons aucune raison de penser autrement.

Mais une fois que nous avons vécu un événement marquant, comme une maladie, un accident, la perte d'un emploi ou d'un être cher, une séparation, la naissance d'un enfant, etc., nous devenons résilients d'une façon bienveillante.

Nous comprenons l'humilité. Nous la prévoyons. Nous cherchons à établir un lien avec les autres au moyen de nos expériences, et nous pourrions même partager nos propres expériences pour aider ceux qui entreprennent un parcours semblable. Nous les prenons avec nous et marchons à leurs côtés.

J'ai beaucoup plus d'empathie envers les autres depuis que j'ai eu des enfants, que j'ai vécu une dépression post-partum et une séparation. J'ai pu constater à quel point la psyché humaine est délicate, mais aussi à quel point il est facile de lui donner du pouvoir. Et même si je sais que nous pouvons très bien le faire par nous-mêmes, il est beaucoup plus agréable de le faire avec un entourage qui le comprend et peut y participer.

J'essaie donc de rester ouverte et d'établir un lien avec toutes les personnes que je rencontre (un mot d'encouragement à la femme qui se démène pour installer son bambin dans un chariot, un sourire au conducteur qui gesticule dans ma direction parce qu'il est pressé, du bavardage dans une file d'attente pour obtenir un café) ; l'empathie compte, comme nous l'avons vu à la leçon 22. Essayer de se mettre à la place de quelqu'un d'autre pour voir le monde à travers ses yeux pendant un moment est un excellent exercice pour nous rappeler que *tout le monde* traverse *quelque chose.*

Et que nous désirons *tous* et méritons *tous* ce contact humain.

Leçon 61

J'AI DE LA VALEUR ET JE COMPTE

Tu mérites amour et affection autant que n'importe qui d'autre en ce monde.

BOUDDHA

C'est un mantra qu'il vaut la peine de se répéter quotidiennement : *J'ai de la valeur et je compte.*

Dans notre enfance et notre adolescence, nous connaissons instinctivement et exclusivement notre propre valeur, ironiquement, au moment où nous sommes fort probablement perçus comme égoïstes. En vieillissant, notre valeur en vient à dépendre davantage des autres. Et lorsque nous entamons une relation, si nous n'avons aucune prise sur elle, son existence peut être complètement définie par notre conjoint(e), tout comme notre désirabilité (voir la leçon 58).

Permettre à quelqu'un d'autre de définir notre valeur et à quel point nous comptons signifie que notre sentiment du soi dépendra toujours de *cette personne* ; cette situation est aussi durable que sa perception de nous.

Dans le cas de la séparation, ce n'est donc pas durable.

Alors, comment nous convaincre nous-mêmes de notre valeur ?

La façon dont nous nous parlons nous-mêmes (le langage et le ton) et l'« histoire » que nous nous racontons à propos de *qui nous sommes*, c'est crucial dans la reconstruction de notre propre valeur. Ne l'inventez pas. Creusez profondément pour trouver la vérité. Trouvez des mots gentils et louangez-vous au moins deux fois plus souvent que vous ne vous blâmez (encore mieux, ne vous blâmez pas du tout).

Depuis ma séparation, je fais l'effort conscient d'éduquer mes enfants de façon qu'ils ne doutent jamais de leur valeur. En devenant plus consciente de la manière dont je *leur* parle, j'ai constaté que, bien souvent, je ne me parlais pas de façon très bienveillante. C'était principalement dû au fait qu'au cours de mes dernières années de mariage, mon ex-mari et moi étions rarement bienveillants l'un envers l'autre, verbalement ou autrement. Par conséquent, nous manquions de pratique dans l'art d'être bienveillants.

Comme on peut s'y attendre, quand vous vous parlez durement ou que vous êtes désagréable avec les autres, vous égratignez non seulement leur propre valeur, mais la vôtre aussi, parce que vous vous éloignez de plus en plus de votre moi véritable et aimant. Il est très difficile de croire que vous « avez de la valeur » si vos actes et votre langage disent le contraire.

Mais lorsque nous nous concentrons sur notre propre valeur, nous affirmons naturellement que nous comptons aussi, car nous nous considérons indépendamment des autres et nous croyons en nos propres valeurs, forces et buts, qui n'appartiennent qu'à nous.

Nous avons de la valeur et nous comptons.

Leçon 62

JE SUIS EXCEPTIONNEL(LE)

Je m'aime bien. Et j'aime mon histoire.

MICHELLE OBAMA, balado *Super Soul*

J'ai déjà voulu être quelqu'un d'autre. Cette *autre personne* était toujours plus modérée, équilibrée et calme que moi. Plus « normale ». J'imaginais que la vie serait *plus facile* si j'avais ce type de personnalité.

Mais plus facile pour qui ? Plus facile pour les autres qui peuvent m'avoir trouvée compliquée, j'imagine. Et pourtant, comme me disait mon amie, nous sommes *tous* difficiles pour quelqu'un.

Je suis certaine que nous avons tous rêvé d'être quelqu'un d'autre, même si la liste des qualités de votre personnage imaginaire diffère de la mienne.

Il est fou de *désirer* être quelqu'un d'autre. De ne pas vouloir être vous. Particulièrement si quelqu'un d'autre, en ce moment même, rêve peut-être d'être vous.

Rétrospectivement, j'ai laissé mon ex-mari perpétuer mes insécurités ; il disait souvent que j'étais facilement perturbée, comme si c'était un défaut inné, car il était incapable de constater ou d'apprécier les avantages qu'apportait un tel trait de caractère. Et moi, je ne voyais pas le côté positif de ses traits personnels.

C'est que, lorsque nous sommes dans une relation qui ne fonctionne pas, nous n'apprécions plus les qualités exceptionnelles de l'autre. Les caractéristiques qui nous ont probablement attirés l'un vers l'autre au début finissent par nous irriter. Ces forces deviennent des défauts.

Chacun de nous est merveilleusement exceptionnel ; nous devons nous apprécier *pour ce que nous sommes*. Personne ne vous connaîtra autant que *vous* vous connaissez (en supposant que vous prenez le temps de vous connaître).

Et avant de commencer à étiqueter certaines de vos qualités de façon négative, rappelez-vous ceci : nous avons tous les qualités que nous étions *destinés* à avoir, en vue de poursuivre les buts de notre âme (nous en verrons davantage à ce sujet dans la huitième partie).

Votre but est *aussi* exceptionnel que vous.

Alors, continuez d'être *vous-même*.

(Ça ne vaut pas la peine d'être qui que ce soit d'autre.)

Leçon 63

J'INSPIRE LES AUTRES

Si la vie est un parcours, alors laissez mon âme voyager et partager votre souffrance.

Santosh Kalwar

Il n'y a pas beaucoup de gens qui savent qu'ils inspirent les autres, juste en étant eux-mêmes, chaque jour. Il est difficile de le croire si l'on ne fait pas quelque chose de grandiose et d'« impressionnant », comme trouver un remède au cancer.

Lorsque des personnes m'ont dit que je les avais inspirées d'une certaine façon (parce que j'avais partagé mon expérience de la dépression ou de ma séparation), j'ai trouvé un peu bizarre d'être louangée pour ça. Je m'étais contentée de faire quelque chose qui m'était venu naturellement, et cela m'avait aidée de le partager.

Et pourtant, je comprends ce sentiment. Je l'ai ressenti continuellement lorsque quelqu'un m'a inspirée. Parce que inspirer une personne n'est rien d'autre que lui *faciliter* le progrès sur son parcours avec un peu plus d'espoir, de joie et de connaissance qu'elle n'en aurait eu sans *vous*.

Ce sont: la personne qui vient de se séparer, qui voit en vous qu'elle s'en tirera bien, elle aussi; le chef d'une famille monoparentale qui tire sa force de la façon dont *vous* vous débrouillez auprès de vos enfants, avec facilité et amour; la personne séparée qui *vous* entend parler de la séparation comme offrant des possibilités, plutôt qu'avec pitié, et qui modifie donc son état d'esprit.

Si, pour inspirer les autres, il suffit simplement d'être ouvert et disposé à partager sa vie de tous les jours, alors nous sommes tous en mesure de le faire.

Dans l'espoir et la joie, et non avec splendeur.

Leçon 64

JE SUIS ENTIER(ÈRE)

Elle est une magnifique pièce de poterie brisée, recollée de ses propres mains. Et un monde critique juge ses fêlures, aveugle à la beauté de sa propre reconstruction.

J. M. Storm

Je croyais que pour être *entière*, il fallait être la personne modérée, équilibrée et calme dont j'ai parlé à la leçon 62.

Parfaite. Lisse et sans arêtes. Exempte de fissures.

Mais comment puis-je être entière, si les expériences m'ont fragmentée ?

Maintenant, je peux voir que nous sommes entiers *en raison* de nos fissures et de toutes ces expériences. Parce que ce sont ces fissures qui permettent à la lumière de s'infiltrer et d'éclairer notre âme, notre être intérieur et le véritable moi.

Alors, non, je ne suis pas entière dans le sens où je n'ai *pas été brisée*. Car j'ai été brisée bien des fois. À maintes reprises, quand la séparation m'avait épuisée et que je ne trouvais pas l'énergie de continuer, je me suis entendue dire : « Je suis brisée. »

Mais je réussis toujours à recoller les morceaux. Je suis toujours ma propre colle. Et même si mes rebords sont un peu plus rugueux qu'auparavant, et même si, au fil du temps, d'autres fissures apparaissent, elles ne servent qu'à laisser entrer plus de lumière. Plus d'illumination.

Ne doutez jamais de votre entièreté.

SIXIÈME PARTIE

L'INDÉPENDANCE

RECONNAISSEZ VOTRE APTITUDE À VOUS EN TIRER ET À VOUS ÉPANOUIR

Il est tellement important que vous voyiez tout ce que vous avez.

Les jours où la séparation est écrasante, pouvoir reconnaître que vous vous en êtes tiré(e) tellement mieux que vous ne l'auriez cru a un effet thérapeutique.

Et les jours où la séparation *ne vous accable pas*, c'est tout de même une merveilleuse pratique que de vous louanger et de vous reconnaître vous-même.

Saviez-vous seulement que vous aviez tant de force et de capacités ? Aviez-vous déjà soupçonné que vous pourriez vous épanouir dans de telles circonstances ?

Les 11 prochaines leçons mettront en lumière certaines des façons dont j'ai pu me montrer capable et forte, et elles vous rappelleront de reconnaître vos propres forces.

Leçon 65

JE SUIS FORT(E) ET CAPABLE

La force physique incarnée dans une femme, c'est ce que je suis.

TINA TURNER

Dans les mois qui ont suivi ma séparation, je me suis rendu compte à quel point je m'étais habituée à avoir quelqu'un à mes côtés. Pour m'aider à « faire des trucs ». Cette révélation m'a étonnée parce que, au cours des dernières années de notre mariage, je m'étais convaincue que mon ex-mari ne faisait jamais rien à la maison.

De toute évidence, je n'avais pas tenu compte des tâches *dont il se chargeait* : allumer le barbecue ; installer l'arbre de Noël ; le défaire après coup, sans éparpiller dans la maison les 13 243 aiguilles ; faire du feu ; contribuer à la préparation des vacances familiales.

Il serait juste de dire que cela ne semble pas très féministe de ma part. Même si je suis une femme qui se croyait plutôt indépendante, je lui avais permis de faire toutes ces choses simplement parce que certaines d'entre elles me semblaient des « tâches masculines ».

Puis, à la suite de notre séparation, il n'y a plus eu que moi. Je devais *tout* faire ; seule.

Et vous savez quoi ? J'ai réussi.

Je peux maintenant faire un barbecue convenable (même si, au début, j'ai dû appeler un ami pour lui demander comment faire). Mes feux ne se sont *presque jamais* éteints. Et pour sortir le sapin de la maison après les fêtes ? Eh bien, après avoir éparpillé toutes ses aiguilles dans le couloir, je l'ai coincé dans l'embrasure de la porte. Après avoir songé à le laisser là à jamais, je me suis fait aider par mes trois enfants pour le sortir dehors ; dépourvu de ses aiguilles, mais dehors.

Les enfants et moi avons souvent pris des vacances ensemble, alors que j'étais une mère seule (je vous ai déjà parlé de notre périple en autocaravane au Royaume-Uni et de nos randonnées pédestres en Turquie). Personne ne s'est égaré, et je suis même arrivée à ne pas paniquer lorsque ma fille a eu une réaction allergique inattendue dans la zone des départs (c'est probablement le seul scénario que *je n'avais pas* imaginé).

Lorsque mon enfant de quatre ans a obstrué les toilettes, je peux dire avec fierté que j'ai réussi à les déboucher toute seule et à arrêter l'eau de couler par les luminaires dans la pièce du dessous. Mon aînée m'a ensuite écrit le plus merveilleux des messages :

« Tu es tellement super, comment as-tu fait ? C'était tellement répugnant quand tu as sorti tout ce magma. Alors, je voulais juste te dire que TU ES LA MEILLEURE ! (dans tout). »

Dressez la liste de vos accomplissements ou écrivez-vous un message d'éloges à vous-même, et je peux vous garantir que, vous aussi, vous aurez la surprise de constater tout ce que vous faites.

Il faut attribuer à la séparation le mérite de mettre cette force en lumière et de nous fournir l'occasion de découvrir et de maîtriser de nouvelles habiletés.

Il s’avère que je suis forte et capable.

Et vous aussi.

(Juste au cas où vous vous le demanderiez.)

Leçon 66

JE PEUX AFFRONTER LES PROBLÈMES AVEC CALME

On ne peut pas résoudre un problème avec le même mode de pensée que celui qui a généré ce problème.

ALBERT EINSTEIN

J'ai toujours aimé parler. Mon bulletin scolaire a déjà comporté la note suivante : « Amy serait une élève modèle si elle ne parlait pas autant. »

Assez juste.

En fait, l'un des principaux points sur lesquels mon ex-mari et moi étions mal assortis était la conversation. J'aimais engager la conversation. Souvent. Lui, il croyait que les mots étaient superflus au-delà de la base de la communication nécessaire.

Je voulais discuter de tout. Les décisions. Les problèmes. La vie. C'est ainsi que j'arrivais à donner un sens au monde. Maintenant, je le fais par l'écriture.

Au fil de notre mariage, j'ai appris à discuter de ces choses avec des amis et des membres de ma famille, plutôt que de risquer d'avoir à affronter son regard absent.

Alors, lorsque nous nous sommes séparés, j'avais déjà l'habitude de prendre un tas de décisions seule. Son opinion ne m'a donc pas manqué à cet égard, car il y avait longtemps qu'il ne me la donnait plus.

Mais j'ai remarqué que plus la séparation me donnait de temps à passer seule, plus je m'habituais à être *calme*. Calme d'esprit. Calme dans ce que je disais. Calme dans ma façon de demander l'opinion des autres. À l'époque, je n'étais pas certaine si c'était simplement le résultat de l'épuisement d'avoir à m'occuper seule de trois enfants et de l'incapacité à gérer mes pensées et mes paroles, ou si c'était causé par autre chose.

Je sais maintenant que ce sont les périodes de solitude qui ont permis ce calme. Ces périodes sont tellement importantes, et pourtant, si peu d'entre nous peuvent vraiment en avoir.

Parfois, je mettais simplement de côté une pensée, un problème ou une décision, afin d'y revenir plus tard… ou jamais. Ce n'était pas une forme de déni ; c'était plus parce que : « Je ne peux pas y réfléchir maintenant et je ne veux pas y consacrer plus d'énergie en en parlant. »

Vous connaissez le scénario. Il arrive quelque chose que vous trouvez terrible. Vous en discutez avec vos amis. Un frère ou une sœur. Le facteur. Pratiquement tous ceux qui voudront écouter. Et vous en arrivez à ne plus penser qu'au « problème », qui est devenu si gros qu'il a englouti chaque fibre de votre être, et vous êtes encore loin de l'avoir résolu.

Le mieux serait de prendre du recul et de calmer votre esprit.

Tout en croyant qu'*être bien* est votre vérité ultime.

(Car ce sera toujours le cas.)

Leçon 67
JE FAIS TOUJOURS DE MON MIEUX

Votre mieux change d'instant en instant ; faites simplement de votre mieux, et vous éviterez de vous juger, de vous culpabiliser et d'avoir des regrets.

DON MIGUEL RUIZ, *Les Quatre accords toltèques*

Faire de votre mieux ne signifie pas faire les choses de façon irréprochable ou impeccable *en tout temps*. Si vous agissez en harmonie avec vos valeurs et vos intentions, *vous faites* de votre mieux. Qu'est-ce que ça pourrait être d'autre ?

Il m'a fallu du temps pour accepter l'idée que je fais *toujours* de mon mieux. Je fais de mon mieux quand je perçois que je fais les choses « bien », mais je fais aussi de mon mieux quand je perçois que je ne les fais pas bien, parce que les mêmes valeurs et les mêmes intentions sont toujours au premier plan dans tout ce que je fais, même quand je m'égare temporairement et que je dois me rajuster par la suite.

En tant que personne séparée, la plupart du temps, je me sens épanouie. Parfois, je m'en sors. À l'occasion, je trébuche. Mais je fais *toujours* de mon mieux, dans chacun de ces scénarios, et j'accepte que « mon mieux » ne se présente pas toujours de la même façon.

Alors, quand je m'emporte avec les enfants parce que je suis fatiguée, tendue, ou que j'ai faim après les avoir nourris plusieurs fois et que j'ai oublié de manger moi-même, je fais encore de mon mieux. Je fais alors autant de mon mieux que quand je suis assise calmement avec eux à les faire réviser leur épellation ou leurs tables de multiplication.

Je fais de mon mieux *à ce moment*, et il ne me revient pas de remettre en question le bien-fondé de mes actes, parce qu'il n'y a aucun outil de mesure à cet égard ; il y a toujours des variables.

À vrai dire, nous avons toujours fait de notre mieux ; c'est seulement que nous n'avions pas la conscience de soi pour le reconnaître.

Acceptez *votre* « mieux ».

Vous le faites tout le temps.

Leçon 68
JE SUIS ÉPUISÉ(E)

Une fois que nous acceptons nos limites, nous les dépassons.

ALBERT EINSTEIN

L'épuisement peut sembler ne pas être une partie naturelle de l'épanouissement ; quand nos réserves d'énergie sont très basses parce que nous nous en sommes trop mis sur les épaules, nous « omettons » de tout faire, ou nous approchons du point de rupture.

Ça ne ressemble pas trop à l'épanouissement, n'est-ce pas ?

En fait, l'épuisement est un élément essentiel de l'épanouissement ; le reconnaître constitue une grande force (et non une faiblesse), et nous devrions être disposés à le reconnaître plus souvent, selon nos propres critères.

Je suis épuisée.

Reconnaître votre épuisement est une étape positive qui vous permet de prendre du recul, de recentrer (et de récupérer) votre énergie afin de vous épanouir de nouveau. Il ne s'agit pas de vous appesantir sur votre épuisement pour vous épuiser encore plus ; c'est plutôt un processus de reconnaissance et de réévaluation.

Et pourtant, nous ne nous sentons pas toujours le droit de le faire ; alors, nous perpétuons l'état d'épuisement et compromettons la récupération de notre énergie.

L'épuisement, comme bien des choses, est devenu un état comparable. Nous le mesurons par rapport à d'autres, par rapport à la situation d'autres personnes, qui *semble* plus exigeante, et pourtant ces gens ne détellent pas. Alors, nous ne devrions pas dételer non plus. Nous nous sentons coupables, car s'ils continuent malgré leur fatigue, nous n'avons sûrement pas le droit de sentir que notre fatigue est exceptionnelle.

« Je suis épuisée. »

« Je sais ; moi aussi. »

Personne ne gagne le concours de la fatigue. Personne n'est destiné à cela. Nous avons tous le droit d'être épuisés. Nous avons tous nos exigences personnelles (voir la leçon 83). Et nous avons tous différents degrés de résilience, à différents moments dans nos vies.

Nous sommes tous différents.

Vivre une séparation en ayant trois enfants a déclenché un tout nouveau degré d'épuisement chez moi, mais cela ne signifie pas que j'ai davantage le droit de le ressentir que la mère de deux enfants, heureuse en ménage.

Nous sommes tous différents.

L'épuisement peut en fait être un état extrêmement satisfaisant lorsqu'il résulte de l'utilisation de bonnes énergies. C'est une autre histoire lorsqu'il survient à la suite d'une période difficile ou de nuits d'insomnie, même si le seul fait d'avoir traversé ces moments nous donne du pouvoir.

Mais nous ne nous rendons pas service si nous prétendons ne pas être épuisés quand nous le sommes ; quand nous essayons d'égaler la « force » de quelqu'un d'autre ; quand nous continuons, coûte que coûte ; quand nous n'agissons pas selon *nos propres critères*.

La personne qui reconnaît ses limites, qui recentre son énergie et refait le plein sera de nouveau épanouie en un rien de temps.

Chacun de nous a des limites à ce qu'il peut faire.

Reconnaître cela peut nous permettre d'en faire beaucoup plus.

Leçon 69

JE PRENDS SOIN DE MOI

Prendre soin de soi ne signifie pas « moi d'abord », mais « moi aussi ».

L. R. KNOST, *Two Thousand Kisses a Day*

Il y a tellement d'états humains selon lesquels nous pouvons devenir, inconsciemment, des martyrs au cœur de notre propre vie. Nous n'accordons pas la priorité au fait de prendre soin de *nous-mêmes* parce que, à un certain niveau, nous ne croyons pas mériter ces soins.

Rappelez-vous : *j'ai de la valeur et je compte* (voir la leçon 61).

Nous ne pouvons pas nous épanouir avant d'avoir pris soin de nous, mentalement *et* physiquement. Nous allons nous en sortir, et souvent, assez bien, mais il y a toujours des retombées quand nous nous négligeons.

Les basses vibrations déclenchées par la séparation (et la vie en général) nous font sentir submergés, ce qui est encore aggravé par la fatigue, l'excédent de tâches, le manque d'exercice, une mauvaise alimentation, une consommation d'alcool non contrôlée ou l'apparition d'une maladie. Nous devons nous donner les *meilleures* chances de nous épanouir afin de pouvoir aller de l'avant avec grâce, vers notre but.

Alors, la plupart du temps, j'essaie de bien manger, d'aller au lit avant minuit, de faire de l'exercice et de prendre conscience de mes pensées et de mes vibrations. Bien sûr, je n'arrive pas toujours à gérer tout ça ; il y a tellement d'imprévus dans la vie. Mais j'ai appris que je ne peux pas négliger le fait de prendre soin de moi. Quand cela se produit, des retombées s'ensuivent toujours. Par contre, quand je prends soin de moi, tout coule aisément autour de moi.

La séparation signifie qu'à part les amis et la famille, vous êtes la seule personne à prendre soin de vous. Cette prise de conscience donne du pouvoir, si vous le permettez, car cela signifie que vous êtes sur le point de vous accorder la priorité et de vous engager à ne plus jamais vous négliger.

Donnez-vous toutes les chances. Cernez les choses qui sont importantes pour vous afin de vous épanouir, et ne les négligez pas trop souvent.

Parce que vous méritez amplement les soins que vous pouvez vous apporter.

Leçon 70

JE SUIS À L'AISE DANS LA SOLITUDE

Si vous dites : « Non, je regrette, c'est mon heure de solitude », on vous taxera de mauvaise éducation, de narcissisme, de bizarrerie. Quel jour cela jette sur notre société, où la solitude paraît suspecte [...] !

ANNE MORROW LINDBERGH, *Solitude face à la mer*

Pour certaines personnes, passer du temps dans la *solitude* est non souhaitable, honteux, et essentiellement l'aveu de leur impopularité.

Plus nous nous entourons de gens, plus nous devons être une personne complète, parce que l'on veut de nous que nous appartenions à un groupe. C'est là la règle de la popularité ; il faut d'autres personnes pour qu'elle existe.

Je n'ai jamais bien « réussi » à m'intégrer ni à me situer au haut de la liste d'invités de quelqu'un, et je ne me suis jamais forcée à faire des choses simplement par peur de passer à côté. C'est une manière de vivre exténuante.

Mais j'ai encore des amis merveilleux.

Je n'ai jamais vraiment compris pourquoi j'étais ainsi, et je me suis blâmée, par le passé, de ne pas avoir fait assez d'efforts pour être populaire et suivre la foule. Je sais cela parce que, en raison de la façon dont la société fonctionne, il y a eu des occasions où j'aurais pu être « arriviste ». Je sais aussi qu'il y avait un prix à payer : mon harmonie et mon authenticité.

La séparation m'a montré, au cours des périodes de solitude qu'elle m'a imposées, que je suis *simplement* heureuse d'être moi et d'avoir du temps pour moi. Ce n'est pas plus compliqué que ça.

Il y a au moins un jour et une nuit, au cours de la semaine, où je suis seule dans la maison. Ainsi, 24 heures par semaine, je peux décider de la *manière* dont je veux passer mon temps. Ça fait plaisir. C'est merveilleux. Ça vaut de l'or, une fois qu'on est parent.

Et j'aime passer du temps seule. C'est l'un des généreux cadeaux que m'a procurés la séparation.

Je *me* choisis : je peux être *égoïste*, terme qui doit être défini de façon plus positive, parce que nous devrions tous nous préoccuper plus régulièrement de notre propre plaisir (voir la leçon 98).

Et je suis *très* à l'aise dans la solitude.

Sans arrière-pensée.

Leçon 71
J'AIME DORMIR SEUL(E)

Le sommeil est la meilleure des méditations.

LE DALAÏ-LAMA

Quand j'écoute les autres parler de leur conjoint(e) qui ronfle ou qui perturbe leur sommeil pendant la nuit, cela me fait sourire.

Car, depuis quatre ans, j'aime dormir seule. Si, bien sûr, on fait abstraction des trois petites personnes qui se fraient parfois un chemin sous ma couette et se collent contre moi.

Peu après ma séparation, je continuais de dormir du même côté du lit. Par habitude. Il m'a fallu un certain temps avant de me déplacer vers le centre, parce que je le pouvais dorénavant, et c'est là que je dors maintenant. Je ne trouve pas cela étrange et je ne me sens pas seule. J'ai plutôt l'impression de me gâter quand je m'installe dans mon lit avec un livre et ma crème à mains.

Je pense qu'il est vraiment important (après une séparation) de *s'approprier* sa chambre. Il serait conseillé de se procurer un nouveau matelas, et même un nouveau cadre de lit. Au bout d'un an, j'ai fait les deux, et je me suis acheté de nouveaux oreillers, une nouvelle couette et de nouveaux draps. J'aurais dû le faire plus tôt.

Et ce n'est que tout récemment que j'ai ressenti le besoin de déplacer mes meubles. Une fois que j'ai eu fini, je me suis rendu compte que j'avais involontairement enlevé toute symétrie à ma chambre (l'effet « le tien et le mien », dans les tables de chevet, les lampes, etc.). L'énergie de la chambre est aussitôt devenue féminine et *tout à fait* mienne.

Ce fut un geste inconscient, mais puissant. Cela a libéré une autre partie de moi. Cela m'a menée à un autre niveau. Cela m'a reliée à toutes les possibilités de mon avenir.

Trois jours plus tard, sans arrière-pensée, j'ai signé les documents de divorce que j'avais laissés traîner pendant des semaines.

Leçon 72
J'AI LA SÉCURITÉ FINANCIÈRE

Le contraire de « plus » est « assez ».

William Paul Young, balado *Super Soul*

Si vous n'étiez pas entièrement indépendant(e) sur le plan financier avant votre séparation (et il y a beaucoup d'entre nous qui ne le sont pas), l'idée de faire cavalier seul est probablement la plus grande source d'insécurité à laquelle vous devrez faire face. Gérer les factures, diviser les actifs, apprendre à vivre avec un budget restreint, combler les besoins des enfants et peut-être vendre la maison : nous ne sommes à l'aise dans rien de tout cela, au début.

Il est probable que la plupart d'entre nous ne seront *jamais* à l'aise en ce qui concerne l'argent. Je connais des gens qui en ont beaucoup et qui vivent encore avec l'idée de manque (« je n'ai pas d'argent »), parce que le style de vie auquel ils se sont habitués exige tous leurs revenus. Ils ne se sentent pas nécessairement plus en sécurité, sur le plan financier, que la personne qui vit avec le salaire minimum et qui fait des pieds et des mains pour mettre de la nourriture sur la table familiale toutes les semaines. Ils vivent dans la crainte de tout perdre.

La sécurité financière, comme toute autre chose, est un état d'esprit. C'est une histoire que nous nous contons. C'est tout.

Plusieurs d'entre nous ne se rendent même pas compte qu'ils ont une relation confuse avec l'argent, ou que cette relation pourrait être différente. Ils vivent plutôt dans la *crainte* de manquer d'argent, de voir les taux hypothécaires grimper ou de perdre leur emploi. Nous vivons dans la *peur.*

L'argent n'a jamais fait tourner le monde. Il fait rester le monde immobile. Parce qu'il nous enracine dans cette crainte et nous empêche de chercher à atteindre nos buts, il nous empêche de penser que cela pourrait être différent.

Mais cela *peut* être différent.

Après tout, personne ne veut d'argent simplement pour avoir de l'argent. Si quelqu'un vous donne un million de dollars, mais que vous n'avez pas la permission de le dépenser, à quoi cela sert-il ? L'argent est le seul véhicule avec lequel nous pouvons acquérir ce que nous désirons. Et pourtant, il y a tellement de choses que nous désirons qui ne sont pas matérielles ; elles ne s'acquièrent pas avec de l'argent. L'argent supplémentaire, dont vous dites avoir besoin, ou qui pourrait servir à acheter une *plus grande maison*, ou à offrir de *nouvelles chaussures sport* à vos enfants parce qu'ils les veulent vraiment (« tous mes amis en ont ») ? Il ne s'agit pas d'argent. Il y a une intention différente, sous-jacente à ces désirs matériels, n'est-ce pas ?

Cette plus grande maison que vous voulez afin d'avoir une chambre de plus pour recevoir des amis ? Ce désir est en fait celui de passer plus de temps avec vos amis, et vous pouvez y parvenir par d'autres moyens. Ces chaussures sport que votre enfant veut avoir ? Il s'agit de rendre votre enfant heureux, ce que veulent tous les parents, mais les biens matériels n'ont jamais rendu mes enfants aussi heureux que lorsque je passe du temps avec eux, à faire ce qu'ils veulent (ce qui ne coûte habituellement rien, parce qu'ils me demandent toujours de jouer à la poupée ou aux pirates).

L'argent est seulement le véhicule que nous croyons avoir besoin de conduire et jusqu'à ce que nous changions notre façon de penser, nous allons toujours tomber en panne d'essence.

Ma relation avec l'argent en était auparavant une de crainte. Chaque fois que j'étais en congé de maternité, je craignais de manquer d'argent ou je me demandais comment nous allions joindre les deux bouts, même si, heureusement, nous avons toujours réussi. Tant que mon attitude face à l'argent a été teintée par la peur, je n'ai jamais pu me sentir à l'aise, peu importe combien nous en avions ou n'en avions pas.

J'avais une leçon importante à apprendre, et l'univers s'assure encore que je le fais.

Le jour où mon mari et moi nous sommes séparés, je n'avais aucun revenu personnel. Cela aurait dû me remplir de crainte, mais ce ne fut pas le cas. J'ai plutôt cru à ma santé financière et aux occasions devant moi; j'avais publié à compte d'auteur *The New Mum's Notebook*, dont 3000 exemplaires venaient d'être livrés chez moi. Il était très possible que personne ne l'achète, mais j'avais quelque chose à vendre, et je croyais que cela se vendrait. Alors, j'ai vendu ce livre, avec conviction.

Quand je raconte cette anecdote, je remarque que je dis toujours: « Le moment était parfait. » Bien sûr que ce l'était, parce que c'est ainsi que j'avais décidé de le voir.

Six mois après la publication de *The New Mum's Notebook*, j'ai obtenu un contrat pour deux livres, et une petite avance. J'étais emballée, mais cela m'a ramenée en arrière, parce que cela a rallumé mon désir de sécurité financière. Ce désir, comme nous l'avons vu, grandit proportionnellement à l'argent que nous possédons, et il diminue au même rythme que l'argent.

Comme le sablier se vidait, je me suis permis de ressentir cette crainte, de nouveau.

J'ai été perturbée par cette crainte et par ce qu'elle me disait, car je ne désirais pas un tas d'argent ni un tas de « trucs » (à l'époque, je ne m'étais pas acheté de jeans depuis six ans et je ne me souciais pas que ma vieille paire soit trouée). Alors, *qu'est-ce que je désirais* ? Je voulais simplement continuer à écrire des livres. Je voulais conduire mes enfants à l'école et aller les chercher. Je voulais cuisiner un repas pour eux tous les soirs.

C'étaient là mes *intentions*. Elles avaient peu à voir avec l'argent ; il suffisait que je trouve une façon d'en avoir *suffisamment*, il ne m'en fallait pas *plus*.

Alors, tandis que les grains de sable s'écoulaient un à un dans le sablier, j'ai décidé d'éliminer l'argent de mes pensées. Car penser à un manque suscite toujours la peur, et cette peur fait obstacle à nos intentions. Elle se moque de nous et nous dit que nous ne sommes pas assez, que nous n'*avons* pas assez et que nous ne pouvons pas vivre d'une *autre* façon que celle à laquelle nous nous sommes habitués. Et pourtant, je vivais déjà d'une autre façon depuis quelques années.

Dès que j'ai eu changé mon point de mire, la réponse est venue, et un jour, à 4 h du matin, j'ai découvert comment concrétiser mes intentions. J'ai réduit mes sorties d'argent (combien de choses non essentielles payons-nous et dont nous n'avons pas vraiment besoin pour survivre ?) et j'ai offert mes services de rédaction pour du travail moins bien rémunéré que ce que j'avais l'habitude d'obtenir, mais qui me procurerait un revenu régulier et fiable, et me permettrait d'acquérir de nouvelles compétences. C'est alors que j'ai atteint la sécurité financière.

La sécurité d'esprit. Parce que j'avais trouvé une manière viable d'assurer la sécurité de mes intentions.

C'est toujours une question d'intentions.

Assurez-vous de bien connaître ce que sont *vraiment* les vôtres.

Leçon 73

J'OSE

La liberté vous attend, dans les brises du ciel, et vous demandez :
« Et si je tombais ? » Mais ma chérie, et si tu volais ?

ERIN HANSON

Ma vie n'est pas « sûre », parce qu'elle n'a pas besoin de l'être.

Ma vie n'est pas « sûre », parce que je ne veux pas qu'elle le soit.

Ma vie n'est pas « sûre », parce que je ne *demande* plus qu'elle le soit.

La séparation m'a permis de vivre à l'extérieur des paramètres de la « sécurité » de toutes les manières possibles, comme je vous l'ai montré dans toutes les leçons que j'ai partagées dans ce livre. Parce que rien de ce que je pourrai faire à partir de maintenant ne me semblera plus audacieux que la décision de mettre fin à mon mariage.

Cela a déclenché des possibilités, des occasions et des incertitudes infinies. Maintenant, lorsqu'il me vient une idée qui ne me quitte plus, j'y donne suite. Lorsque je sens la peur qui veut s'insinuer, je continue. Lorsque les autres me guident vers la « sécurité », je me rappelle qu'il n'existe que des incertitudes.

Pour moi, être audacieuse, ce n'est pas être imprudente : j'ai trois enfants auxquels penser, même si, comme je suis en minorité, je dois parfois prendre des risques calculés. Il ne s'agit même pas de sauter d'un avion à haute altitude (je l'ai déjà fait et je ne le referai probablement pas). C'est plus métaphorique que cela : il s'agit davantage de continuer à m'éloigner de la façon de penser habituelle (la mienne et celle des autres) et de sortir de l'ombre qui m'enveloppait pour m'exposer à la lumière.

Cela englobe toutes les nouvelles expériences sur ma route, et je ne cherche plus un millier de raisons pour croiser les bras et tourner le dos avec crainte.

Cela me permet d'être vulnérable.

Je suis audacieuse quand mon intuition me demande de l'être ; lorsque les battements de mon cœur et l'accélération de mon pouls me guident plus fidèlement que ma façon de penser habituelle ou que les opinions des autres.

Essentiellement, je ne sais pas comment les choses vont tourner, mais c'est la magie qui me permet de continuer.

Et qui me libère, encore et encore.

Leçon 74

JE PEUX ÉLEVER MES ENFANTS

Être chef de famille monoparentale, ce n'est pas une vie remplie de combats, mais un parcours pour les forts.

MEG LOWERY, tiré du site Web *The Life of a Single Mom*

Si votre séparation implique des enfants, il y aura des jours où la tâche qui vous attend vous semblera gigantesque et impossible.

J'ai vécu de telles journées à plusieurs reprises, et cela se poursuit. Si c'est aussi votre cas, sachez que c'est tout à fait normal.

Faire cavalier seul avec des enfants à sa remorque peut, de temps à autre, être écrasant. Assumer cette responsabilité et jongler avec tout ce que comporte le fait d'être un parent unique présente des difficultés, parce que l'on a élevé les enfants à deux, une bonne partie du temps. Il y aura des fois où partager la responsabilité de l'éducation de vos enfants vous manquera. Par exemple, le bain et le coucher vous sembleront peut-être des montagnes. Et vous vous sentirez bien seul(e), au milieu de la nuit, quand il n'y aura que vous pour changer des draps mouillés, dissiper un cauchemar ou prendre soin d'un enfant malade ou qui fait de l'insomnie.

Partager les responsabilités nous manque à tous. Parfois.

Quand on ressent une énorme fatigue, qu'on n'est pas en forme ou que les enfants sont insupportables, on peut vraiment avoir envie de fuir. Il y a eu quelques moments où j'ai *sérieusement* voulu le faire, parce que je ne voyais pas comment je pourrais continuer. « Je ne peux pas élever trois enfants seule, comme ça. »

Sauf que je le peux.

Parce que je le fais déjà.

Et vous n'êtes pas différent(e).

Nous avons beaucoup de force, pas seulement à cause de ce que nous faisons pour nos enfants, mais aussi du fait que nous réussissons à maintenir une relation avec l'ex-conjoint(e), une fois que l'amour est en déclin, afin de continuer à élever les enfants ensemble. Ce contact avec l'autre peut être pénible au début, et il peut ralentir le processus de guérison.

Accepter que notre ex-conjoint(e) fasse encore partie de notre vie après la séparation, et le fait que nous n'aurons jamais l'occasion de couper tous ces liens (parce que nous sommes rattachés par le plus grand lien qui soit), est toute une constatation. Mais nous pouvons faire la paix avec cela, et cela vaut beaucoup mieux pour nous (voir la leçon 81).

Apprendre à partager nos enfants et les aider dans leurs allées et venues entre les parents et les maisons comporte aussi ses défis. Parfois, ça semble bizarre d'être loin d'eux, et *c'est* normal. Peu après notre séparation, je suis partie pour un long week-end et j'ai laissé les enfants à mon ex-mari. J'ai passé tout le week-end à essayer de le contrôler à distance, frustrée qu'il ne fasse pas tout ce que je lui demandais de faire. « Ce sont *mes* enfants ! » me suis-je exclamée. « Sauf que ce sont *aussi* les siens... », m'a rétorqué mon amie.

Lorsqu'on vient de se séparer, il est naturel de se sentir possessif à l'égard de ses enfants et d'essayer de contrôler l'autre parent, surtout s'il vous a fait du tort ou que vous ne vouliez pas que la relation se termine. Mais personne ne possède un autre être humain, et tant qu'il n'y a pas de motif de sécurité pour priver votre ex-conjoint(e) de la présence de vos enfants, ceux-ci devraient entretenir des relations avec vous deux. Faites-en votre intention.

Lorsque les jours difficiles se pointent, nous devons continuer d'aller de l'avant et croire en nous et en notre parcours en tant que parents, qui nous a conduits jusqu'à ce point. Ne laissez pas votre imagination prévoir les 15 prochaines années ; proposition qui s'impose pour nous tous, nous traverserons le pont lorsque nous serons rendus à la rivière.

Vivez le plus lucidement possible, soyez présent dans les moments que vous partagez avec vos enfants, et croyez au bon temps qui s'en vient.

En vous rappelant que tout ce que vous faites prend sa source dans l'amour.

Je vois votre force.

Et vous *pouvez* y arriver.

(Parce que vous le faites déjà.)

Leçon 75

JE SUIS CAPABLE DE DEMANDER CE QU'IL ME FAUT

Demandez ce que vous voulez et soyez prêt à l'obtenir.

MAYA ANGELOU

Nous passons tellement de temps, dans une relation dysfonctionnelle, à attendre que notre conjoint(e) devine ce dont nous avons besoin. Nous pourrions le demander. Mais nous nous contentons d'attendre.

C'est pratiquement le test final pour déterminer *à quel point* la relation est bonne (ou mauvaise). À quel point notre conjoint(e) nous connaît *vraiment*.

J'ai attendu tellement de choses. J'ai attendu que mon ex-mari m'offre le soutien affectif dont je croyais avoir besoin. J'ai attendu qu'il sorte les poubelles. J'ai attendu qu'il se rappelle comment je prends mon thé.

À l'époque, ces choses avaient beaucoup d'importance pour moi.

Et pourtant, j'aurais simplement pu les lui demander.

Maintenant qu'il n'y a plus que moi pour faire tout ce qu'il y a à faire, je suis capable de demander de l'aide quand j'en ai besoin (voir la leçon 22). Et si je ne le demande pas, je ne suis pas une martyre. Je gère la situation ; je peux le faire, et je suis heureuse de le faire.

C'est un jeu de réflexion ou un test.

Et cela a fonctionné d'une manière inattendue. Non seulement je peux maintenant demander ce dont j'ai besoin, mais je peux aussi verbaliser ce dont je n'ai pas besoin ou ce que je suis incapable de faire, sans être préoccupée par le fait que je puisse offenser les autres. Autrefois, j'aurais dit « oui » à *tout* et à *chacun*, par désir de plaire.

C'est l'une des plus grandes retombées du fait de se responsabiliser et de compter uniquement sur soi-même.

Laisser notre autonomie nous guider.

SEPTIÈME PARTIE

L'ÉVEIL

VIVEZ VOTRE VIE D'UNE MANIÈRE CONSCIENTE

Vient un temps, espérons-le, lors d'une séparation, où nous devenons à l'aise avec notre nouveau statut.

Nous nous sommes motivés. Nous avons posé des questions. Nous avons écouté les réponses et suivi les indications. Nous en avons appris plus que jamais auparavant sur qui nous sommes.

Nous nous sommes éveillés.

Et nous nous délectons de cette illumination, car maintenant, nous *savons*.

Les 13 prochaines leçons vous font part des différents aspects qu'a pris mon éveil, car cela influe sur la vie que je mène aujourd'hui.

Leçon 76
JE NE SUIS PAS UN ÊTRE CONSTANT

Comment peut-on savoir ce qu'on va faire jusqu'à l'instant où on le fait ? La réponse est qu'on ne peut pas.

J. D. Salinger, *L'attrape-cœurs*

Après avoir lu ce livre, on vous pardonnerait de penser que je suis dorénavant une personne constante qui a mis de l'ordre dans sa vie et qui vit en fonction de ses mantras et de ses leçons. Et pourtant, pendant la préparation de cet ouvrage, j'ai eu des rappels de la nécessité de continuer à vivre en pleine conscience. Nous en avons tous besoin.

J'ai entendu dire, à bien des reprises, que les chefs spirituels eux-mêmes passent leur vie entière à chercher l'harmonie et le sens. Je trouve cela très encourageant. Nous apprenons tout le temps, et être humain, c'est être inconstant et incertain.

L'objectif n'est pas d'être constant, sauf dans l'harmonie avec soi-même.

Quand j'étais petite, on m'a donné le surnom affectueux de « Whimmy » (capricieuse) à la maison, parce que je ne restais fidèle à rien. J'ai tout essayé : le ballet, la claquette, l'équitation, le théâtre amateur, la peinture, le piano, le dressage de chiens. J'avais un tempérament fougueux ; cela peut m'arriver encore. En tant qu'adulte, j'ai frustré d'autres personnes (surtout des conjoints) parce que je changeais trop souvent d'idée à leur goût. J'ai essayé et abandonné le yoga, plusieurs fois. J'ai presque suivi des cours de Zumba. Il y a des tas de noms de domaines que j'ai achetés et qui n'ont jamais eu droit à la gloire de faire l'objet d'un vrai site Web. Et j'ai presque rembourré un fauteuil. Et la liste s'allonge.

Les réactions des autres m'ont fait croire que changer d'idée était une mauvaise chose. J'ai passé beaucoup trop de temps à souhaiter être différente — constante et stable, par-dessus tout !

Et maintenant ? Je crois exactement le contraire. Je m'épanouis essentiellement dans l'incertitude et dans le fait de ne pas toujours savoir ce que je vais faire. J'ai eu certains succès simplement à « essayer », et j'ai appris beaucoup sur moi-même du fait d'être ce que la société appellerait une « personne émotive » (je préfère dire : « ouverte »). Ressentir est l'essence même de la vie. Sinon, nous serions des robots.

Mais je peux encore me faire souffrir quand je me laisse aller à ce conditionnement social : quand je me résiste à *moi-même*. Parce qu'être un humain constant dans ses actes et dans ses émotions est un comportement appris ; on nous l'enseigne dans notre enfance et il faut du temps pour le désapprendre. Dès notre jeune âge, on nous conditionne à nous en tenir à certaines choses, à y travailler fort et à contrôler nos émotions. Oui, cela nous rapporte d'avoir une conscience affective, mais nous devons tout de même pouvoir encore *ressentir*, changer et évoluer. C'est essentiel pour notre épanouissement.

Certains jours, je dois vraiment *essayer* de me sentir dans un état d'amour de soi et d'acceptation ; d'abandonner mon ego et d'écouter mon âme.

La méditation m'y a aidée. Autrefois, l'idée de méditer m'effrayait ; chaque fois que j'essayais, je n'arrivais pas à faire arrêter mes pensées de se bousculer. Puis, j'ai entendu l'acteur Bradley Cooper parler de ses séances quotidiennes de 20 minutes de méditation. À part le fait que celui-ci pourrait probablement me convaincre de faire *n'importe quoi*, cela m'a fait considérer la méditation comme une pratique ordinaire, comme faire mon jogging ou une autre habitude bénéfique que nous avons. Parce que, lorsqu'on la décortique, la méditation n'est rien de plus que de s'asseoir calmement et de rester immobile. Tout le monde peut faire cela.

Alors, la première fois que j'ai réessayé de méditer, j'ai mis de la musique relaxante et je me suis assise pendant 17 minutes (j'ai eu l'impression qu'il ne s'était écoulé que deux minutes). Quand j'ai eu fini, je me suis sentie débarrassée d'un poids et disponible ; capable de recevoir, au lieu de résister. Cela m'a permis d'aimer l'âme que je suis et de faire taire l'ego que je ne suis pas.

Enfin, après plus de 40 ans sur cette planète, j'accepte le fait que je ne suis pas un être constant, et que je n'ai pas besoin de l'être. La séparation a été l'une des expériences les plus importantes qui m'ont permis d'y arriver. D'un point de vue littéral, j'ai épousé quelqu'un, puis j'ai changé d'idée. Tout ce qui a suivi après cela m'a permis de constater que c'était bien ainsi. Rien de mauvais n'est arrivé. Sur tous les autres plans, cela a créé une ouverture. Une véritable ouverture. Cela m'a fait vivre un million d'émotions, m'a fait douter de moi et m'a responsabilisée. Tout cela en même temps.

Et maintenant, je peux *aimer* le fait que je ne suis pas constante et j'apprécie où cela peut me mener.

Parce que cela m'a menée jusqu'ici.

En un point où je *suis* entière.

Et je suis libre.

Leçon 77

JE N'AI PAS TOUJOURS BESOIN DE COMPRENDRE

Calmez l'esprit et l'âme parlera.

MA JAYA SATI BHAGAVATI

Une fois que la séparation vous permet de vivre en pleine conscience, vous pourriez rechercher un sens et une signification à tout ce qui se présente à vous, parce qu'il est emballant de vous connaître et de regarder les pièces s'emboîter.

Parfois, un moment de clarté est tellement magnifique que vous voulez le crier sur les toits. D'autres fois, vous *savez* que vous êtes sur le point de faire une découverte sur vous-même, mais l'image est brumeuse et hors foyer ; vous ne voyez que des pixels déformés et vous ne pouvez pas effectuer de zoom arrière pour voir l'ensemble du tableau.

Ces moments peuvent vous donner l'impression de reculer parce que vous êtes dans une situation incertaine. Comment se fait-il que tout semblait si clair et que maintenant, ce ne soit plus le cas ?

Nous ne sommes pas destinés à comprendre tout ce qui arrive, *particulièrement* au moment où cela se produit.

J'essaie donc d'exister en sachant que je ne peux jamais forcer l'apprentissage. Cela viendra en temps voulu et, entre-temps, je vais lâcher prise face à l'obscurcissement de ma conscience. Parce que tenter de déchiffrer cela n'apporte jamais de lumière, mais plutôt de la confusion et de l'anxiété.

Ce que je *décide* de comprendre est la présence indéfectible de la confiance et de la gratitude. Et je sais que si je pratique les deux, même quand je me sens confuse, la lumière, lorsqu'elle viendra, constituera une autre occasion de renforcer leur rôle inégalé dans tout ce que je fais.

Ce n'est *jamais* à moi de remettre le processus en question et je n'ai pas toujours à le comprendre. Et je sais que, très bientôt, je vais vouloir désespérément le crier sur les toits, une fois de plus.

Leçon 78

JE M'ÉPANOUIS DANS L'INCERTITUDE

La certitude n'est pas bonne pour nous.

BRENÉ BROWN, balado *Super Soul*

J'ai des rappels constants du fait que l'incertitude (l'inconnu) n'est pas l'endroit effrayant que nous imaginons parfois. C'est un lieu d'illumination. Un lieu qui nous permet de découvrir les désirs, les forces et les aptitudes que nous ne nous connaissions pas.

C'est Brené Brown qui m'a initiée au concept de l'incertitude. Bien sûr, j'en avais fait l'expérience, mais seulement du côté négatif. Autrefois, l'incertitude me faisait me sentir mal à l'aise et perdue. Je voulais toujours *savoir*. Mais la nature même de l'humain est d'être incertain, et une fois qu'on l'a accepté, le malaise se dissipe de lui-même.

Pourquoi lutterions-nous contre nous-mêmes ? Qu'est-ce que cela pourrait produire, à part des conflits et notre propre souffrance ? Ça n'a aucun sens.

La séparation m'a aidée à me débarrasser complètement de la quête de certitude, car elle a fait disparaître tout ce que je m'étais dit être vrai. La certitude (contrôler et connaître ce qui s'en vient) n'était plus une option. Et, de toute façon, à quoi m'avait servi cette quête jusqu'à maintenant ?

Accepter le fait que nous sommes hésitants et vulnérables (et que nous avons été créés ainsi) est le début de l'apprentissage de l'épanouissement dans l'incertitude, car une fois que nous avons écouté ce que notre vulnérabilité a à nous dire, et une fois que nous cessons de nous diriger tout droit vers la certitude, nous nous ouvrons à la vraie *vie*. Nous ne forçons rien. Nous ne cherchons pas à *savoir*, tout le temps. Nous nous disons plutôt : « Je ne sais pas ce qui va arriver et c'est excitant. »

On se sent *vivant*.

Quand les autres échafaudent des plans autour de moi, comme le monde aime le faire, je décide de ne pas *savoir*. Je crois que je sentirai toujours que je suis où je veux être ; et que, parfois, j'ignore ce qu'est cet endroit, jusqu'à quelques minutes à l'avance.

Puis, je vais penser : « Bien sûr, *j'étais censée être ici.* » Et pourtant, j'aurais pu si facilement manquer mon coup si je m'étais laissé prendre par des projets à long terme que je n'avais jamais vraiment voulu réaliser. Je fais encore des projets, bien entendu ; nous devons tous être à certains endroits à certains moments. Je ne fais pas de projets dans le seul but d'en faire, ou dans le but de contrôler tout ce qui arrive dans ma vie. Je me garde du temps où *rien* n'est planifié ; ainsi, je suis libre d'aller où je me sens appelée.

L'incertitude n'est pas pour tout le monde (mais elle pourrait l'être, moyennant un simple changement de perspective), et ceux d'entre nous qui s'épanouissent dans l'incertitude vont contrarier les autres parce qu'ils sont, à leurs yeux, l'essence même de la désorganisation, du chaos, de l'indécision ou de l'impulsivité.

Il n'y a pas de « bon » ni de « mauvais ». Seulement ce qui vous semble bien, à *vous*.

Parfois, quand je retombe dans mon mode de pensée habituel, le fait de ne pas avoir de projets me fait paniquer, surtout sur le plan social ou pendant des périodes comme les vacances scolaires. Mais quand je me sens en harmonie, j'ai tellement confiance en moi que même quand tout le monde autour de moi fait des projets, non seulement cela ne me dérange pas de ne pas avoir d'agenda rempli, mais cela m'encourage à continuer de vivre librement.

Fuir les projets est audacieux.

Et nous l'avons déjà fait en nous séparant.

Le moment est venu d'en profiter !

Leçon 79

JE M'ACCORDE TOUJOURS DU TEMPS POUR EFFECTUER UNE TRANSITION

Quand le vent du changement se lève, certains construisent des murs, d'autres, des moulins.

PROVERBE CHINOIS

Le changement n'est pas apprécié de tous. Nous avons naturellement tendance à le considérer comme un facteur de perte et de crainte : la *perte* de ce que nous connaissons et la *crainte* de ce qui est à venir. Ce pourrait être la définition même de la séparation.

Nous retournons en arrière vers la crainte, alors que nous devrions nous tourner vers la *transition*.

La transition nous permet d'adopter le changement avec grâce, patience, et en paix. Nous nous accordons du temps pour nous acclimater, tout en nous appuyant sur nos expériences antérieures pour croire que nous y *parviendrons*. Lorsque nous serons prêts. Comme nous le faisons toujours.

Avant la séparation, être parent m'a contrainte à en apprendre davantage sur la transition et l'adoption du changement. J'oscillais entre le désir d'avoir du temps à moi et le désir éperdu que le temps s'arrête, mais rien ne change aussi vite qu'un bébé, un bambin, un enfant, un préadolescent, un adolescent et un jeune adulte. Si nous ne maintenons pas la cadence, la transition et le changement nous feront constamment faire le deuil du passé que nous idéalisons, tout en nous faisant résister au passage implacable du temps.

Et pourtant, ce passage naturel du temps est la clé qui déverrouille la porte de la transition, si nous le permettons.

Lorsque mon aînée a commencé l'école, par exemple, ma vibration était teintée d'anxiété, de résistance et d'immobilité ; je ne voulais pas de ce changement. Lorsque mon benjamin a commencé l'école, ma vibration était composée de contentement, de pardon et de fluidité ; j'éprouvais encore une anxiété naturelle face à l'adaptation au nid vide, mais ce qui a été différent est que je m'accordais le temps d'effectuer la transition (qu'elle qu'en soit la longueur, mais cela n'a pris que quelques semaines, *parce que* j'ai été bonne envers moi).

On ne peut pas précipiter le processus de la transition (ni celui de la séparation), si pénible que cela puisse être parfois. Nous devons simplement nous fier à son pouvoir de transformation (voir la leçon 46).

La transition est une expérience cruciale, graduelle, pendant laquelle nous créons et évoluons *ensemble*, au gré des circonstances, des gens et de l'univers.

C'est un travail coopératif, et non solitaire (vous n'êtes jamais seul[e]).

C'est une création continuelle, par rapport à une existence statique.

Et une fois que nous l'avons maîtrisé et que nous savons comment nous y adapter, le changement est quelque chose que nous n'abordons plus avec crainte, mais seulement avec une grande confiance.

Leçon 80

CE NE SONT PAS LES ACCOMPLISSEMENTS QUI ME DÉFINISSENT

Rien ne nourrit autant notre centre intérieur
que le travail de création, même dans ses formes
les plus humbles, comme cuisiner et coudre.

Anne Morrow Lindbergh, *Solitude face à la mer*

La plupart d'entre nous aiment être « bons » dans quelque chose. Pour plusieurs, la réussite dans le travail, les relations et la vie de tous les jours définit la personne qu'ils sont.

J'ai toujours imaginé que j'aurais du succès, que je m'« accomplirais » dans ma carrière, et que je trouverais l'« amour véritable » et inatteignable que l'on voit au cinéma.

Eh bien, dans ce dernier cas, je sais comment cela a tourné (jusqu'à maintenant), et malgré de bons résultats scolaires, je n'ai jamais « trouvé mon X » sur le plan de la carrière, jusqu'à ma séparation, moment où j'ai publié *The New Mum's Notebook* et où j'ai signé un contrat pour d'autres livres. Je crois que c'est la raison pour laquelle je me fie à mon instinct (et non à la foule), lorsqu'il s'agit de l'éducation de mes enfants. C'est tellement plus qu'une question de bonnes notes.

Alors, dans ma vie adulte, j'ai été privilégiée parce que je n'ai jamais été particulièrement définie par l'accomplissement ; j'ai vécu tellement longtemps sans cela.

Tout cela a changé abruptement lorsque mon ex-mari et moi nous sommes séparés : cela a rouvert tout un monde de possibilités pour moi. Soudain, l'« amour véritable » (que j'ai redéfini depuis, de toute façon) revenait sur la table. Et j'ai eu une impression d'accomplissement quand des gens m'ont dit que je les inspirais parce que j'élevais trois enfants pratiquement seule.

Parallèlement, j'ai commencé à recevoir des éloges de clients, de détaillants et de professionnels de la santé concernant *The New Mum's Notebook*, qui se vendait bien. Au cours du processus, j'ai commencé à être très active dans les médias sociaux.

Graduellement, je me suis rendu compte que j'en venais à m'appuyer sur ces éloges et ces éléments de validation. J'ai commencé à croire ce que les gens disaient de moi dans les médias sociaux, même si la plupart d'entre eux ne me connaissaient pas. Mon estime de moi s'est fondée sur leurs opinions, comme on le fait quand on est dans une relation qui est néfaste pour soi.

Je me sentais couronnée de succès et appréciée quand j'étais reconnue, et moins quand je ne l'étais pas. C'est un mal courant, surtout dans les médias sociaux ; des études démontrent que les gens ressentent un afflux de dopamine quand ils obtiennent des mentions « j'aime », des partages et des commentaires.

J'avais réussi à rehausser ma faible estime de moi après ma séparation et pourtant, je me trouvais à la remettre en danger. Cela m'a fait prendre conscience du fait que ce ne pouvait pas être un mode de vie durable ni souhaitable, et j'ai pris du recul pour examiner les solutions qui s'offraient à moi. Après tout, l'accomplissement est une notion si subjective et s'il n'en tient qu'aux autres, et pas à soi, pour le valider, c'est aussi très instable. On peut être l'étoile scintillante aujourd'hui, mais la semaine prochaine, ce sera le tour de quelqu'un d'autre.

Prendre du recul m'a donné le temps de faire plus de « vraies choses » : préparer un repas à partir de zéro pour ma famille, m'attaquer à la pile de lessive et la ranger, déplacer les meubles de ma chambre. Et j'ai remarqué que j'ai tiré autant de plaisir (dopamine) de ces activités que des médias sociaux et d'autres tâches axées sur le succès.

Cela m'a démontré que ce n'est pas la nature de l'accomplissement qui compte, mais le *sentiment* que l'on éprouve par la suite : la gratification est ce que nous recherchons, et nous devenons dépendants de sa poursuite.

Et cela peut être répété de millions de façons, dont la plupart n'ont aucun lien avec notre degré d'aptitude, d'intelligence, de richesse, d'amour, de popularité ou de succès (même si, bien sûr, ces choses peuvent aussi nous apporter de la joie et un sentiment de réalisation).

Après tout, *tout le monde* peut ranger la lessive.

Leçon 81

J'ÉPROUVE DE LA RECONNAISSANCE ENVERS MON EX-CONJOINT(E)

Parce que j'ai toujours le choix, je choisis l'amour.

DEEPAK CHOPRA

Mon amie soutient que mon ex-mari est mon plus grand professeur. Il a été (et continue d'être) le catalyseur de mon développement.

J'en ai tant appris sur moi-même *grâce* à lui, à notre mariage et, surtout, à notre séparation.

Tandis que notre séparation s'acheminait vers le divorce, j'ai ressenti toutes les émotions à son égard: le soulagement, l'indifférence, la responsabilisation, la colère, la tristesse, la jalousie, le ressentiment, le regret, la compassion, la compréhension, l'acceptation. Je les ai ressenties à différents moments au cours des quatre dernières années. Et je sais que je vais continuer à le faire à l'avenir.

Ces émotions s'apparentent aux étapes du deuil, car, bien sûr, nous vivons un deuil dans toutes les situations de perte, et pas seulement après un décès.

Lorsque j'ai commencé à écrire ce chapitre, mon ex-mari et moi nous trouvions dans le meilleur état affectif que nous ne l'avions été depuis des années, et certainement depuis notre séparation. Nous pouvions enfin constater nos positions respectives, ou du moins le pensais-je. J'étais optimiste face à l'avenir. Nous avons vécu un rare moment ensemble, au cours duquel chacun a admis le rôle qu'il avait joué dans la mort de notre relation. Je décidais de voir ses forces, plutôt que de m'appesantir sur ses faiblesses. Si j'avais réussi à le faire au cours de notre mariage, nous aurions peut-être pu sauver celui-ci. Mais beaucoup d'entre nous ont besoin de temps et d'espace pour vraiment évoluer, et trouvent que cela se fait mieux dans la solitude. Par ailleurs, les couples ont besoin d'évoluer ensemble et au même rythme, et *ce n'est vraiment pas* ce que nous faisions.

Quelques semaines plus tard, nous étions retournés à un état de conflit et de mauvaise communication. Cela m'a beaucoup affectée, peut-être encore plus que tout ce qui était arrivé au cours des dernières années, car, en dépit des étapes que nous avions franchies dans notre évolution, je constatais à quel point nous étions encore loin l'un de l'autre. Et à quel point nous resterions peut-être *à jamais* loin l'un de l'autre. J'étais retombée dans le piège d'avoir des attentes à son égard, d'espérer et de placer *ma* sécurité dans sa capacité à agir par amour pour moi.

Je *sais* que je n'ai jamais besoin de *son* soi bienveillant pour être *mon* moi bienveillant.

Je l'avais oublié, temporairement.

Et voici mon message-guide : me rappeler que je dois essayer de rester dans un état d'amour, même quand les autres autour de moi ne le sont pas. Il y a des jours où c'est un défi de taille, mais c'est faisable, tant qu'on reste conscient de ses émotions et de sa tendance à réagir. Entre-temps, il est tout à fait acceptable de fixer des limites (comme le fait de bloquer provisoirement toute communication) pour laisser les émotions se calmer (d'un côté comme de l'autre).

Alors, l'univers continue de me montrer le chemin ; de me montrer que j'aurai des périodes délicates à traverser, car nous devrons maintenir une relation de coparentage à l'égard de nos trois enfants, comme tous les parents, qu'ils soient ensemble ou non. L'univers continue aussi de me montrer que je dois prendre du recul et réagir sans créer de conflit, sinon je vais créer une dynamique dans la mauvaise direction.

Je *dois* choisir l'amour si je ne veux pas perdre mon chemin. Ou l'esprit. Je dois choisir d'aimer mon ex-mari (oui, je dis bien « aimer »).

Parce que, ainsi, je vais continuer d'évoluer en tant que *moi* authentique, ouverte et aimante ; c'est l'unique but de tout être humain. Quoi que fasse mon ex-mari. Quoi que fasse *votre* ex-conjoint(e). Ils ne sont que les catalyseurs dans l'atteinte de ce but (ce qui, je le reconnais, peut parfois être un grand défi personnel).

On peut décider de les trouver frustrants, ou éprouver de la gratitude pour les connaissances qu'ils nous font acquérir.

Cette dernière possibilité nous fera beaucoup moins de mal.

Leçon 82

JE VAIS CONTINUER À FAIRE LES CHOSES DIFFÉREMMENT

Si vous faites ce que vous avez toujours fait,
vous obtiendrez ce que vous avez toujours obtenu.

TONY ROBBINS

Avoir le courage de continuer à changer et de vous frayer de nouveaux chemins exige de l'entraînement, même si vous vivez déjà le plus grand des changements : la séparation.

Nous devons continuer de nous adapter et oser faire les choses différemment pour continuer d'évoluer.

J'ai assez d'expérience de la vie pour savoir comment la plupart des situations se termineront, avant même de m'y engager.

Par exemple, quand j'acceptais une invitation par obligation ou par politesse (ou parce que c'était dans six mois et que cela me semblait une date abstraite), il y avait de fortes possibilités que je finisse par annuler à quelques jours d'avis, car en y allant, je n'aurais plus été en harmonie avec moi-même, ce qui n'est jamais une sensation agréable.

Alors, n'accepte pas l'invitation, pour commencer.

Pendant des années, j'ai « flirté » avec la « sobriété curieuse ». Quand je ne voulais pas boire, mais que je m'étais placée dans une position sociale qui en offrait l'occasion et que tous les autres buvaient, je me trouvais habituellement à faire ce que j'ai toujours fait : je me joignais à eux et je faisais probablement des abus.

N'y va pas, à moins d'avoir la certitude de ne pas déroger à tes intentions.

Après de tels scénarios, je me demande pourquoi j'ai eu tellement peur de choisir le chemin que je n'avais pas encore fréquenté, le chemin qui menait en un lieu que je ne connaissais pas, bien souvent, seule, loin des autres.

Peut-être parce que, parfois, nous ne sommes plus dans la « conscience » et retombons dans nos vieilles habitudes. Nous nous retrouvons dans notre vieux mode de pensée et nous nous laissons influencer par ce que les autres pensent, en nous inventant une histoire, une fois de plus (voir la leçon 28).

Il faut continuer d'être en harmonie avec soi-même.

Aujourd'hui, je fais les choses différemment et je vais continuer à le faire, en plongeant dans l'inconnu quand ça fait du bien, sans craindre de me pousser (et souvent, de pousser les autres) hors de la zone de confort qu'est la *connaissance* du processus. Parce que nous savons que la certitude n'est pas bonne pour nous (voir la leçon 78).

Lorsque j'y parviens, je me sens en harmonie parce que je suis sincère avec *moi-même*. Et il y a toujours une merveilleuse découverte qui m'attend. Par exemple, sur le sujet de la sobriété : je suis dans la période d'écriture de ce livre, et je n'ai pas pris un verre depuis trois mois. Contrairement à ce qui s'était produit lors d'occasions précédentes, quand j'avais « essayé » la sobriété, cette fois, j'ai foulé de nouveaux sentiers en faisant, sobre, des choses que, auparavant, j'avais crues améliorées par la consommation d'un verre. Une chaude soirée d'été. Une fête avec des amis. Un festival. Des vacances. Un repas au restaurant. Faire ces choses différemment et persévérer dans mes intentions a été libérateur et contagieux.

Quoi d'*autre* puis-je faire de façon différente ?

Cela pourrait signifier de faire des choix et de prendre des décisions que les autres ne comprennent pas ou ne désirent pas. Mais c'est bien comme ça. Nous avons tous des intentions différentes, et chacun a tous les droits d'agir avec des intentions tenant compte de ce qui est important pour *lui.*

Parce qu'il n'y a *rien* qui vaille la peine que vous suiviez accidentellement le programme de quelqu'un d'autre.

Et d'oublier le vôtre.

Leçon 83

JE N'AI PAS À PARTAGER MES ÉPREUVES

Ce sont les épreuves qui souvent font qu'une personne ordinaire rencontre une destinée extraordinaire.

Chroniques de Narnia : L'Odyssée du passeur d'aurore (long métrage)

Tout le monde traverse des épreuves. Nous n'en sommes pas nécessairement conscients quand nous sommes jeunes, à moins d'avoir une nature particulièrement empathique.

Mais, en vieillissant, nous sommes exposés à davantage d'expériences, les nôtres et celles des autres. Certaines sont positives, et d'autres, déchirantes. Nous prenons conscience de la fragilité de la vie et des variations courantes de nos situations personnelles ; nous comprenons que nous ne sommes pas les seuls à subir des « épreuves ».

Nous traversons une épreuve, mais les autres aussi.

Cependant, nous ne saurons pas toujours qu'ils en traversent une.

Même s'il y a des gens qui racontent à *tout le monde* ce qui se passe dans leur vie parce qu'ils ont besoin de la sympathie des autres, il y a des personnes qui traversent des périodes aussi difficiles (et même plus) en silence, au point qu'on ne dirait jamais que quelque chose ne va pas.

J'ai déjà été cette personne qui voulait avoir la sympathie des autres. J'admets que, parfois, j'avais l'impression que j'étais la *seule* à vivre des épreuves. Et j'ai laissé cela me ronger.

Mais ma séparation a changé cela, à jamais. Soudain, la sympathie était la dernière chose dont j'avais besoin ou que je voulais. Et lorsque les autres ont appris que j'étais séparée, cinq mois plus tard, ils ont dit qu'ils n'auraient jamais cru que j'étais en train de vivre cela, car je me comportais avec grâce. Si c'était vrai, c'était probablement la première fois que je gérais une situation avec grâce et discrétion.

Ce n'était pas de la fausse représentation, car ma séparation n'était pas une épreuve, comme les autres l'ont probablement cru. Les quelques années précédentes avaient *semblé* fausses, alors que j'étais plongée dans l'incertitude, sachant que ma relation devait prendre fin, mais ignorant comment le faire.

La séparation me responsabilisait. Elle m'éloignait de ma tendance naturelle à être la victime ou la martyre. Elle transformait mon penchant à tenir ces rôles ; face à une situation incertaine, je crois que la plupart d'entre nous décideraient d'agir à partir d'un point empreint de force, d'espoir et de foi : le moi intérieur.

Alors, maintenant, quand je vis des moments difficiles, j'essaie de les traverser avec grâce. Je n'ai pas besoin de partager mes épreuves avec le grand public (quelques confidents suffiront) ni de le faire savoir aux autres pour que mes défis soient reconnus. Nous avons *tous* à gérer certaines circonstances et à jongler avec quelques problèmes; il nous suffit d'être là pour nous soutenir les uns les autres, en partageant un bon mot, un regard compatissant ou un sourire.

Parce que nous traversons tous des épreuves.

Leçon 84

JE ME POSE LES BONNES QUESTIONS

Une fois que l'on a posé les bonnes questions,
la réponse vient toujours.
JAMES REDFIELD, *La Prophétie des Andes*

Même quand nous vivons dans un état d'éveil et d'harmonie, il y a des jours où nous nous sentons encore confus, accablés, exploités, incompris, en manque d'informations pour aller de l'avant.

Dans ces moments-là, il ne semble pas normal de gérer ces émotions paisiblement. Nous devons donc nous arrêter et nous poser des questions.

Mais nous devons nous assurer de poser la *bonne* question, en prenant du recul et en examinant celle que nous *croyons* devoir poser, tout en nous rappelant que, souvent, nos questions à propos de la conduite de quelqu'un d'autre, par exemple, concernent *en fait* notre propre situation (voir la leçon 31). Creusez plus profondément et cernez ce qui déclenche l'émotion, le doute ou la vulnérabilité qui vous habite. Quand je fais cela, ma préoccupation à l'égard du problème et de la réaction émotionnelle se dissipe et je parviens à la *bonne* question. Et la réponse s'ensuit.

Je n'ai plus peur de me poser des questions difficiles et pénibles, maintenant. Ni de me demander quelque chose que j'aurais pu préférer supprimer, autrefois. Ni de demander à quelqu'un d'autre d'être franc avec moi, à propos de moi ou de ma conduite, si j'ai besoin de son avis.

C'est ainsi que l'on fait apparaître la vérité quand la vérité n'est pas facile à discerner et que nous ne pouvons pas aller de l'avant sans elle.

Et, la prochaine fois, nous pourrions être en mesure de poser *moins* de questions, car nous aurons plus d'expérience.

Nous avons plus de réponses parce que nous avons déjà posé les questions.

Leçon 85

J'ACCEPTE LE FAIT QU'IL N'Y AIT NI « BON » NI « MAUVAIS »

Entre le bien et le mal, il y a un jardin. Je t'y trouverai.

Rumi

Lorsque j'ai commencé à écrire ce livre, le titre de la leçon était : « J'accepte que certaines choses puissent ne jamais sembler appropriées », car, à ce moment-là, je croyais que ce pourrait être le cas et que ma guérison dépendait de l'acceptation de ce fait.

Au cours des deux années qui ont suivi notre séparation, je ne pouvais pas surmonter le fait que je ne serais plus jamais avec le père de mes enfants. Je continuais à faire la paix avec bien d'autres choses, mais je ne pouvais pas m'habituer à *cela*. Cela ne me semblerait jamais approprié, me suis-je dit, même si je soupçonne maintenant que la définition d'« approprié » était dictée par la société et le contexte, plus que par toute autre chose. C'était mon blocage psychique particulier à propos de la séparation ; le vôtre pourrait être différent (ou non).

Puis, un jour, je me suis sentie différente. Ce n'était pas une acceptation consciente ; c'est seulement que, quand j'y pensais, je ne ressentais plus de malaise persistant ni de vibration de résistance. Cela ne me semblait pas « approprié » ni « inapproprié ». *C'était ainsi, tout simplement.*

C'est à ce moment que j'ai constaté mon évolution : le résultat de toutes les leçons combinées dans ces pages. J'ai constaté que la perception du terme « approprié » est exclusive à chacun de nous, à tel point que le contexte ne signifie quelque chose que pour nous-mêmes. *Qu'est-ce qui est approprié pour moi ?* J'ai constaté que même si certaines choses (comme ma situation) pouvaient ne jamais sembler appropriées pour d'autres, pour moi, elles pourraient être aussi bien que ce que je voulais qu'elles soient.

Il n'y a pas de choses « appropriées » ni « inappropriées ». Rien que des choses qui me font me sentir bien.

Et c'est un mode de vie tellement simple, exempt d'analyses constantes visant à déterminer si ce que nous faisons, disons ou ressentons est « approprié » ou « inapproprié », mais qui cherche plutôt à nous faire *sentir bien*.

Nous pouvons *toujours* nous adapter en écoutant nos propres émotions, plutôt qu'en nous conformant à une idéologie qui ne nous représente plus et pour laquelle nous n'avons jamais eu voix au chapitre, en ce qui concerne ce qui est *inapproprié*.

Alors, oui, « j'accepte que certaines choses puissent ne *jamais* sembler appropriées ».

Parce qu'elles n'étaient destinées qu'à nous faire sentir bien.

Leçon 86

JE CHOISIS MES INTENTIONS

Quel est le « pourquoi » derrière votre « pourquoi » ?

GARY ZUKAV, balado *Super Soul*

Avez-vous déjà constaté que derrière *tout* ce que vous faites réside une intention ? Une intention que vous choisissez, consciemment ou non. Cela dit, l'intention diffère de la décision : c'est le catalyseur qui guide ce que nous choisissons de faire.

Bien souvent, notre *véritable* intention n'est pas claire, alors nous lançons un message confus dans l'univers. Gary Zukav parle du « choix de l'intention » dans son livre intitulé *The Seat of the Soul*. Pour lui, il s'agit d'un acte de création fondamental, et lorsque nous devenons un créateur conscient, nous sommes davantage en mesure de canaliser notre capacité créatrice d'une façon aimante. Nous pouvons décider de créer depuis un état de crainte (ce qui produit presque toujours des conséquences destructrices) ou à partir d'un état d'amour.

Nous devons donc nous demander *pourquoi* nous voulons quelque chose : un(e) conjoint(e), plus d'argent, une plus grande maison (voir la leçon 72). Quelle est la source de votre « pourquoi » ? La peur ou l'amour ? Prenons l'exemple des conjoints : voulez-vous un(e) conjoint(e) parce que tous les autres en ont un(e) et que vous ne voulez pas vous sentir seul(e) (la peur) ou parce que vous avez tellement de bonheur en vous que vous voulez le partager en bâtissant une vie d'amour avec quelqu'un d'autre (l'amour) ?

Toutes les fois où j'ai agi par peur, colère, jalousie ou toute autre souffrance, j'ai fini par faire du mal, à moi-même quand ce n'était pas aux autres. Cela crée un vide, une lacune et une sensation d'imperfection innée. Ce n'est jamais une expérience agréable.

Quand je *décide* d'agir par amour (il faut, pour cela, une prise de conscience et de l'entraînement), ce qui s'ensuit m'étonne souvent, simplement parce que c'est tellement merveilleux que je n'ai même pas l'impression d'avoir eu à *travailler* pour y parvenir (parce que, bien sûr, je ne l'ai pas fait). Simplement en redirigeant mon énergie, j'ai fait en sorte que cela arrive, facilement.

Notre choix d'intention a toujours une influence sur ce qui se produira ensuite. Si nous n'avons pas conscience de notre intention réelle, comment pouvons-nous nous attendre à parvenir là où nous voulons vraiment aller ?

Demandez-vous toujours ce qu'est le « pourquoi » qui se cache derrière votre « pourquoi ».

Leçon 87
LES AUTRES M'INSPIRENT

Si je peux apprendre à déchiffrer ce langage qui se passe de mots, je parviendrai à déchiffrer le monde.

PAULO COELHO, *L'Alchimiste*

Il ne fait aucun doute que c'est sur notre propre harmonie que nous devons nous concentrer. Nous sommes exceptionnels et nous ne devons pas nous laisser distraire par la comparaison avec d'autres. Cependant, cela ne signifie pas que nous devons parcourir notre chemin seuls.

Les gens qui vont et viennent dans notre vie sont de petits repères : nos étoiles-guides. Ils détiennent des messages (des signes) que nous devons remarquer et recevoir. Ils sont partout.

Nous appelons « inspiration » cette sensation de revenir d'une conversation ou d'une rencontre énergisés, en sachant ce que nous allons faire ensuite.

Je me sens constamment inspirée depuis ma séparation, depuis que je me suis ouverte de nouveau. Il est très rare que mes rencontres ne m'apprennent rien sur moi-même, car une fois que nous nous ouvrons à cette possibilité, une fois que nous nous permettons de recevoir des messages, le potentiel d'apprentissage et d'évolution vient de toutes parts ; pas seulement dans les « grandes » leçons, mais aussi dans les tâches plus banales que nous exécutons tous les jours. Particulièrement celles-là, en fait.

Être inspiré par quelqu'un d'autre n'est rien de plus compliqué que de se faire offrir des possibilités par cette personne, de sorte que nous puissions avancer dans notre cheminement avec un peu plus d'espoir, de joie et de connaissances.

Je suis donc inspirée par les petits messages et par la manière dont les autres parcourent leur chemin : la maman dont les enfants sont en retard, mais qui ne les bouscule pas pour autant sur le chemin de l'école, décidant plutôt de profiter de leur marche ensemble, ce que je ne fais pas souvent. La personne à mobilité réduite qui me rappelle qu'être capable de faire son jogging est un privilège et une joie. Le chef de famille monoparentale dont les « épreuves » ne se devinent pas derrière son sourire accueillant, alors que je voudrais parfois crier mes problèmes sur tous les toits.

Ces gens m'inspirent une plus grande bienveillance et une plus grande tolérance. Une plus grande harmonisation, là où j'ai encore besoin d'harmonisation.

Ils me tiennent compagnie, tandis que je poursuis mon propre chemin.

Ils sont mes étoiles-guides.

Et ils sont partout.

Leçon 88
JE ME DONNE À MOI-MÊME

Tout ce que je suis, je te le donne.
Vœux de mariage de l'Église anglicane

Peut-être n'est-il pas étonnant que tant de mariages se soldent par une séparation et un divorce, quand nous posons des gestes aussi grandioses, l'un envers l'autre.

Bien sûr, ce ne sont que des mots, mais ils sont enracinés dans la tradition et le concept de ce que nous croyons être la signification d'une relation, particulièrement le mariage. Ces mots créent une image, et nous leur permettons de façonner au moins certaines de nos attentes, souvent quand nous sommes jeunes et n'avons pratiquement aucune idée de ce que sera une vie passée à être le (la) conjoint(e) de quelqu'un.

Les gens qui se séparent ou qui divorcent parlent de la sensation de se sentir libres de nouveau, avec le temps. Souvent, ils disent que c'est la meilleure chose qui leur soit arrivée, car ils ont eu la chance de se redécouvrir et de se remettre en question, ce qui est l'essence de ce livre.

Après tout, jusqu'à maintenant, nous avons exploré ce qu'est la vie sans conflit, la prise de conscience de nos émotions et la gestion de nos finances et de notre vie pratique.

Alors, je ne suis pas certaine que nous puissions ou que nous voulions retourner à la forme traditionnelle dévorante de relation, après avoir connu une telle expérience libératrice. Je me demande si nous pourrions voir une autre relation comme le fait de *nous donner* à quelqu'un, dans notre quête de réalisation. Si nous en sentirions même le *besoin*.

Nous trouvons « LA personne ». Il appert que c'était nous-mêmes, depuis le début.

Pour moi, du moins, il y a une partie de moi qui a été transformée à jamais par ma séparation. Le besoin d'être la conjointe de quelqu'un a été remplacé par le désir d'être, *si* je le décide. L'idée de « me donner » entièrement à quelqu'un d'autre me semble non souhaitable et complètement inutile.

J'ai plutôt appris à me donner à *moi-même* parce que c'est là-dedans que je me sens le plus à l'aise. C'est ainsi que je *dois* être le plus à l'aise. En profitant de mon propre espace. En m'aimant, inconditionnellement.

Tout ce que je suis, je *me* le donne.

HUITIÈME PARTIE

UN NOUVEAU DÉPART

AVANCEZ VERS VOTRE AVENIR

Une fois qu'on approche d'une meilleure connaissance de soi, on peut entreprendre le voyage fabuleux d'aller de l'avant dans un avenir rempli de promesses.

L'avenir de chacun d'entre nous sera différent, mais les pas que nous faisons dans sa direction peuvent tous être aussi fermes et conscients.

Voici les pas que j'ai faits depuis ma séparation ; 23 leçons glorieuses qui ont façonné mes nouveaux débuts.

J'espère que vos nouveaux débuts sont tout aussi glorieux.

Je SAIS qu'ils *peuvent* l'être.

Leçon 89

JE CROIS QUE ÇA S'ARRANGE TOUJOURS, DANS LA VIE

Chaque expérience que je vis est parfaite pour mon évolution.

LOUISE HAY, *Faites confiance à la vie*

Mon amie dit souvent cette phrase merveilleuse que j'ai adoptée et qui guide pas mal ma vie, maintenant : *Ça s'arrange toujours, dans la vie.*

Elle le fait valoir les « bons » jours. Elle me le rappelle particulièrement les jours où je trouve difficile de rester en harmonie avec moi-même, quand je risque de douter de moi ou d'éprouver de la déception.

Ça s'arrange toujours, dans la vie.

Et j'ai découvert que cette phrase a un pouvoir incroyable qui peut dissiper mes émotions et me ramener au moment présent.

Parce que si je crois et accepte que ce qui m'arrive *dans le moment présent* (si peu souhaitable que cela puisse paraître) va me propulser vers l'avant, dans la direction où je dois aller, il est très difficile d'y résister. Ce serait plutôt insensé. Je me barrerais moi-même le chemin.

La résistance, comme nous l'avons vu, est le processus volontaire qui *crée* la souffrance.

Nous répéter cette phrase et y croire nous empêche de lutter contre le courant et nous permet de le suivre plus facilement, en direction de ce qui nous attend : le prochain moment qui ne peut exister sans le moment présent.

Ça s'arrange *toujours*, dans la vie.

Leçon 90

MES AMITIÉS ME REVIGORENT

Ne sous-estimez pas le pouvoir de l'amitié.
Ces liens sont des agrafes qui referment les cavités
dans lesquelles vous pourriez tomber.

RICHELLE E. GOODRICH, *Smile Anyway*

Je suis certaine que l'une des raisons pour lesquelles je suis si contente d'être seule est de pouvoir compter sur des amis merveilleux.

L'univers a amené tellement de nouveaux amis dans ma vie depuis ma séparation, en plus des amis que j'avais déjà. Cela m'a apporté les gens et les choses dont j'avais besoin, au moment où j'en avais besoin. J'ai des amis que je connais depuis moins de trois ans, mais qui occupent une telle place dans mon cœur, avec lesquels je suis tellement en harmonie, en raison des circonstances ou de notre perspective sur la vie, que je ne peux pas m'imaginer ne pas les avoir rencontrés.

J'ai décidé d'investir davantage dans mes amitiés depuis ma séparation parce que j'ai eu du temps et des raisons de le faire. Cela m'a rappelé pourquoi nous ne devrions jamais mettre des amis à l'écart pour donner la première place à une relation romantique. Les amis sont les constantes dans la vie, si nous le permettons, que nous ayons ou non de nouvelles relations romantiques saines.

Les bons amis nous revigorent et haussent notre énergie vibratoire. Il n'est jamais trop tard pour s'en faire de nouveaux. Il n'est pas nécessaire que quelqu'un soit notre meilleur ami depuis l'âge de 11 ans pour que le lien soit solide *maintenant*. Ne laissez jamais passer l'occasion de tisser des liens avec quelqu'un : vous ne savez pas qui il pourrait vous aider à devenir. Et vice versa.

Si vous trouvez difficile de faire cela, vérifiez votre niveau d'énergie. Parfois, dans des périodes difficiles, il est tout naturel que l'aura que nous projetons soit fermée et retirée. Cela n'attire *personne* qui sera bon pour vous. Souriez, détendez vos épaules, dépliez les bras, ouvrez votre cœur et voyez ce qui arrive.

Rappelez-vous ce que nous avons abordé à la leçon 22 et du fait qu'établir un lien depuis un sentiment d'amour est contagieux et attire la même chose. Ça fonctionne. Vraiment.

Parce que nous voulons tous être auprès de quelqu'un qui est comme ça.

Quelqu'un comme votre véritable moi, bienveillant.

Leçon 91

MON AVENIR M'ENTHOUSIASME

C'est justement la possibilité de réaliser
un rêve qui rend la vie intéressante.
PAULO COELHO, *L'Alchimiste*

Possibilité. Occasion. Incertitude.

Ces choses (et d'autres, encore) m'enthousiasment, parce que c'est à cela que mon avenir ressemble, maintenant. Ou plutôt, je n'ai absolument aucune *idée* de quoi mon avenir aura l'air ; et c'est enivrant.

Bien sûr, l'avenir peut aussi prendre cette tournure avec un nouveau partenaire amoureux à nos côtés, mais, pour plusieurs d'entre nous, ce n'est pas le cas. C'était prévisible, comme si nous franchissions les étapes d'un périple prévu d'avance.

Nous avons tous un engagement, à divers degrés. Le travail. Les enfants, peut-être. D'autres qui comptent sur nous pour leur bien-être (des parents âgés, des frères et sœurs, des animaux de compagnie). J'espère pour vous que cela n'englobe *pas* des plantes d'intérieur, si, comme moi, vous n'avez pas le pouce très vert !

Mais, à part cela, la séparation *nous* rend à nous-mêmes. Il n'y a que nous pour décider de ce que nous voulons et de la façon dont nous voulons vivre.

Parfois, je me permets d'exister dans cet état de possibilité et d'en avoir conscience, sans me sentir obligée de faire quoi que ce soit à ce sujet, dans le moment présent.

Je peux vraiment sentir l'énergie de possibilité circuler autour de moi. Et souvent, cela suffit pour élever ma vibration et me rappeler tout ce que je *peux* avoir.

Cette façon d'être est libératrice. Et parce que l'univers est de mon côté, aucune pression n'est exercée pour que j'agisse. Ainsi, je peux être certaine que je ne raterai jamais une occasion.

Nous agirons le moment venu. Et nous serons prêt(e)s.

Leçon 92

JE SUIS PRÊT(E) À ÊTRE DÉSIRÉ(E)

Quand nous nous délectons, nous attirons les autres.

REGENA THOMASHAUER, *L'Art du bonheur au féminin*

L'éveil sexuel se produit lorsque nous nous disons : « Je suis prêt(e) à être désiré(e) », que nous comblions ce désir ou non.

Parfois, et certainement au début, tout comme il en est pour la possibilité et l'espoir, la reconnaissance de cette sensation suffit.

Car atteindre le point où votre désir de vous-même cède la place au désir de quelqu'un d'autre est un éveil en soi, surtout si cela fait des années que vous avez ressenti cela et que vous ne vous attendiez pas à le ressentir de nouveau (voir la leçon 58).

Être ouvert à la sensation d'être désiré nous fait nous sentir de nouveau vivants, car nous éprouvons vraiment l'énergie du désir parcourir notre corps.

Mais donner suite à ce désir, c'est vraiment quelque chose. Ne vous précipitez pas pour le combler ou y céder. Commençons par ceci :

La sensation.

L'anticipation. La volupté. Le désir.

Et comme « qui se ressemble s'assemble », une fois que nous avons ressenti ce désir profondément et véritablement, notre énergie fait le reste.

Vouloir être désiré, c'est vouloir partager cette incroyable énergie de façon réciproque. Il ne s'agit pas de vouloir être reconnu ni d'avoir besoin de quelqu'un d'autre pour rehausser son estime de soi. Si nous laissons cela devenir notre motivation, le désir a habituellement l'effet opposé et diminue l'estime de soi, car c'est une énergie différente qui parcourt notre corps. Il s'ensuit que nous prenons de piètres décisions, tout en espérant obtenir de grands résultats valorisants : par exemple une relation sans lendemain qui, dans votre esprit, n'a jamais été « en passant ».

Vous méritez d'être désiré(e) pour le simple fait d'être désiré(e). Parce que vous êtes désirable. Parce que cela vous fait vous sentir bien et vivant(e).

Il ne s'agit pas d'une étape marquante ni d'un raccourci vers l'autel (voir la leçon 93). Si vous voulez simplement avoir du plaisir et en donner, allez-y (de façon sécuritaire).

L'éveil sexuel, après la séparation, est agréable et enivrant, quand on est vraiment prêt et qu'on se le permet.

Alors, soyez maître de votre expérience. Parce que le désir commence et finit toujours par nous-mêmes.

Leçon 93
JE PRENDS MON TEMPS, À MES CONDITIONS

Je n'ai pas besoin de vendre mon âme pour acheter le bonheur. J'ai un trésor intérieur, né avec moi, qui saura me faire vivre si les autres joies me sont refusées, ou s'il faut les acheter à un prix que je ne puis donner.

CHARLOTTE BRONTË, *Jane Eyre*

Entamer une relation après une séparation est excitant et angoissant en même temps. «Cela va-t-il mener quelque part?» Ou: «Est-ce que je *veux* aller quelque part?» Voilà probablement la question la plus pertinente et la plus persistante.

J'ai rencontré quelqu'un environ un an après ma séparation. Ce moment était inscrit dans l'univers, et je me suis déclarée le matin du jour où je l'ai rencontré. Tout ce qui a suivi s'est fait facilement. Il était gentil, passionné, et surtout, à ce stade de mon processus de séparation, il *s'intéressait* à moi. Il a changé mon expérience des relations et ma perspective de ce que les autres percevaient de moi.

À mesure que les mois passaient et que l'amitié se dirigeait vers une relation plus sérieuse, je me posais de plus en plus de questions. À la réflexion, en général, les questions ne venaient pas de moi ; elles avaient été semées par d'autres : « Qu'est-ce qui se passe ? » « Comment ça se passe ? » « Qu'est-ce qui va arriver, d'après toi ? »

Je prenais simplement du plaisir ; je me sentais bien et cela suffisait.

Alors, essayez de faire taire les voix dans votre tête. Et dans la tête des autres, aussi. Parce que les relations après une séparation ont leurs propres règles. *Vos* règles. Vous n'avez pas à juger la personne ni à vous demander si vous voudrez un jour cohabiter avec elle/l'épouser/vous reproduire avec elle/vivre heureux(se) avec elle le reste de vos jours. Vous venez de faire un peu tout cela avec quelqu'un d'autre. Si vous aimez bien une personne et que vous avez du plaisir à passer du temps avec elle, vous pouvez vous contenter de cela, pour le moment. Ou pour toujours. Ou jusqu'à ce que les circonstances changent.

Vivez le moment présent. Goûtez l'incertitude. Vous le méritez.

Les nouvelles relations peuvent susciter de la timidité, surtout si vous avez été en couple pendant longtemps et qu'un tas de gens vous connaissaient ensemble, en tant que couple. C'est un peu comme se sentir dans un aquarium : « Est-ce que tout le monde regarde ? »

Probablement que non. (Mais il y a sans doute quelques spectateurs.)

Naturellement, vous pouvez être emballé(e) par cette nouvelle personne dans votre vie, mais vous ne savez pas encore vraiment ce que *vous* en pensez. Alors, au cours des premiers jours, des premières semaines et des premiers mois, il est tout à fait acceptable d'établir vos propres échéances et conditions ; et, si vous avez des enfants, c'est même conseillé.

Il est facile, étant donné le pouvoir dynamisant de la rencontre d'une personne attrayante, de vous laisser emporter par la romance. La romance fait peut-être défaut dans votre vie depuis un certain temps, et cette envie de compagnie et de contact physique peut être intense.

Évitez de déclarer votre amour éternel publiquement ou dans les médias sociaux. Attendez d'être vraiment, vraiment certain(e). Puis, attendez encore un peu.

Gardez votre sentiment secret (gardez-le pour vous) jusqu'à ce que vous ayez décidé de ce que vous voulez. Ne le partagez jamais, si vous n'en avez pas envie.

Prenez *votre* temps.

Les nouvelles relations après une séparation, surtout si vous avez été marié(e) ou que vous avez des enfants, ne visent pas essentiellement à franchir des étapes, mais plutôt à être avec quelqu'un qui permet à votre âme de voler plus haut.

Bien au-dessus des nuages.

Pour le temps que cela durera.

Et jusqu'où cela ira.

Leçon 94

J'ÉCOUTE MON CŒUR ET MON ÂME

Le mental crée l'abîme, le cœur le traverse.

NISARGADATTA MAHARAJ

La première « vraie » relation après une séparation est cruciale.

Elle peut durer. Ou non.

Peu importe comment elle tournera, c'est la relation qui vous « ramènera à la vie », de bien des façons. Elle est spéciale et vous vous en souviendrez toujours.

Au début, cela peut vous sembler enivrant et intense, car vous redécouvrez votre sexualité et vous vous voyez avec les yeux de quelqu'un d'autre ; quelqu'un qui vous trouve sexy et extraordinaire. C'est flatteur (comme si votre estime personnelle *en avait besoin*).

Avec le temps, si la chaleur et la vapeur se dissipent, vous faisant voir et ressentir les choses différemment, c'est bien ainsi. Personne n'a dit que cette relation devait durer toujours. Vous pouvez l'apprécier pour ce qu'elle a été. Et vous n'avez pas à rationaliser cette perte ; il y a tant de choses dans la vie qui ne sont destinées qu'à être vécues, sans explication.

Il existe une tendance, après une séparation, à douter de notre rôle dans toute relation qui suit et qui prend fin. Peut-être était-ce *nous*, le problème ; nous qui n'arrivions pas à faire fonctionner la relation. Surtout si c'est sous-entendu par notre partenaire, lequel fait ainsi écho à notre ex-conjoint. Ils ne peuvent pas avoir tort *tous les deux*, n'est-ce pas ?

Et pourtant, il ne s'agit jamais d'établir qui a tort et qui a raison. Il s'agit seulement de ce qui semble bien pour *vous*. Une rupture n'est jamais la « faute » d'une personne, même quand cela semble évident, par exemple en cas d'infidélité. *Cela*, nous le savons déjà. Si nous sentons que nous en avons besoin, nous pouvons déployer les efforts nécessaires pour comprendre comment nous en sommes arrivés là, *cette fois*.

Si certaines choses vous dérangent à propos de votre nouveau (nouvelle) partenaire, il est fort probable qu'elles vous incitent à réagir à quelque chose en vous qui n'est pas encore réglé. Quand les choses semblent bien, il n'y a aucun effort à faire. Ces détails dérangeants ne se retrouveraient même pas dans une liste de points positifs et négatifs parce que vous n'en dresseriez même pas une. Vous seriez à l'aise, malgré tout le reste.

En deux mots, on ne peut pas comprendre une relation avant de s'être compris soi-même et de s'être ajusté. Alors, ne doutez pas de vous-même et ne vous demandez pas si vous vous sabotez vous-même (ce n'est pas le cas). Ne vous laissez pas influencer par le désir ni par l'amour de votre nouveau (nouvelle) partenaire à votre égard. Ne vous laissez pas influencer par qui que ce soit.

Si votre instinct vous dit que *cette* relation ne convient pas, c'est un appel de votre âme vous disant de continuer à *vous* chercher. Une fois que vous aurez trouvé la stabilité, la personne idéale arrivera dans votre vie et cela ne comptera même pas qu'elle soit là (si adorable que cela puisse être).

Car, comme nous l'avons vu à la leçon 24, quand vous êtes en parfaite harmonie avec vous-même et que vous maintenez votre vibration, peu importe la personne ou les choses qui vous entourent, tout et chacun devient le magnifique glaçage sur l'extraordinaire gâteau que vous êtes déjà.

C'est le cœur qui mène ici, non les pensées.

Écoutez le vôtre.

Leçon 95

JE LAISSE LES CHOSES SE PRODUIRE

Faire confiance et permettre, c'est la même chose.

ABRAHAM HICKS

À la leçon 29, nous avons abordé le fait de forcer des décisions et les raisons pour lesquelles nous n'avons jamais besoin de le faire.

Plus le temps passe depuis ma séparation, plus cela devient clair pour moi. Si je ne sais pas, je prends du recul, j'attends et je laisse les choses se produire. C'est l'un des plus grands changements que j'ai apportés à ma vie. Je force très peu les choses et je suis contente de ne pas savoir. Je maintiens que vivre dans l'incertitude est le cadeau le plus grand, le plus libérateur et le plus excitant que m'a donné la séparation. Que m'apportera aujourd'hui ?

Et je finis toujours par le savoir.

Bien que j'aie joué un rôle actif et volontaire dans notre séparation, je me suis sentie triste le jour où j'ai reçu les documents de divorce de mon ex-mari. Un peu en colère. Un peu nostalgique. J'ai eu des regrets. Et je me suis sentie rejetée.

J'ai laissé ces documents de côté pendant plus de trois semaines, incapable de les regarder. Puis, un jour, j'ai eu une conversation téléphonique vraiment bien et inattendue avec lui. Nous avons réglé certaines questions et convenu de tourner la page et d'élever nos trois enfants tous les deux, mais séparément.

Quelques jours plus tard, nous nous sommes trouvés à la même soirée d'Halloween, avec nos enfants. C'était agréable. Facile. Même normal. Eh bien, notre *nouvelle* « normalité », en tout cas.

À la fin de cette semaine-là, sentant un regain de courage face à ces nouveaux débuts, j'ai déplacé les meubles de ma chambre et, sans y avoir pensé d'abord, je me suis trouvée à jeter un coup d'œil aux documents de divorce. J'ai su immédiatement que j'étais prête à les signer, à dire adieu à cette partie de ma vie pour entreprendre la prochaine.

Et je l'ai fait.

Ce moment a été euphorique. Une étape que je ne croyais jamais pouvoir franchir ni même accepter. Et elle est arrivée, à son heure.

Ce fut un autre rappel du fait que tout ce que j'aurai jamais à faire est de permettre aux choses de se produire, à leur rythme, et d'avoir confiance que tout s'éclaircira.

Parce que cela se produit toujours.

Leçon 96

J'AI CONFIANCE EN LA CAPACITÉ DE MON ÂME À PRENDRE SON ENVOL

Votre âme est la partie de vous qui existait
avant votre naissance et qui existera après votre mort.
GARY ZUKAV, tiré du site Web du Seat of the Soul Institute

Plus je m'avance sur le chemin de la séparation, plus je trouve facile de faire confiance à mon âme, à l'univers et au fait que *tout finit toujours par s'arranger, dans la vie.*

Je ne peux pas nier cela ni le fait que, pour moi, le chemin a été complètement illuminé par ma séparation. Je crois sincèrement que si je ne m'étais pas séparée, je chercherais encore mon chemin dans le noir.

J'ai de plus en plus d'expériences agréables. Je m'effondre moins souvent et moins abruptement, et j'émerge rapidement des débris, avec moins d'éraflures, voire aucune. Et quand je crois avoir appris tout ce qu'il y a à apprendre, on me montre que mon âme peut s'envoler encore plus haut.

Cela n'a pas d'importance si les âmes et l'univers ne font pas partie de votre langage. Vous n'avez pas à être un chef spirituel ni à vous astreindre à trois mois de silence pour pouvoir en venir à *vraiment* vous connaître ; votre âme, c'est cette partie de vous qui est davantage que votre corps, votre esprit, vos tissus et vos organes.

Dans son livre intitulé *Spiritual Partnership : The Journey to Authentic Power*, Gary Zukav parle du pouvoir véritable et de la perception multisensorielle : l'harmonisation de votre personnalité avec votre âme, et la capacité de recevoir de l'information *au-delà* des cinq sens (la vue, l'ouïe, le goût, le toucher et l'odorat). Cela vous oriente vers les questions liées à l'âme. Vous avez peut-être déjà eu un aperçu de la vôtre si vous avez commencé à vouloir mener une vie plus constructive ou si vous voulez partager avec d'autres vos dons, lesquels vous ont été attribués pour que vous en fassiez profiter les autres.

Mon âme me semble une voix intérieure qui me murmure à l'oreille, mais c'est plus fort que cela, et cela viendrait de nulle part. Je la sens, mais je n'y pense jamais. Mon amie m'a dit qu'elle a vu mon âme le jour où un inconnu m'a demandé de la monnaie, au parc. Il voulait utiliser un téléphone public pour téléphoner au conseil municipal et régler un problème de logement ; instinctivement et sans poser de questions, je lui ai prêté mon téléphone cellulaire.

Je crois que l'âme est la partie de nous qui est vraie, ouverte et généreuse. C'est la partie de nous qui reconnaît notre véritable valeur et qui a toujours envie de partager et d'aider les autres à réaliser la leur. C'est la partie qui se rend compte que nous sommes tous essentiellement les mêmes ; nous n'avons donc jamais de raison de juger ou d'être en compétition.

La plupart d'entre nous perdent le contact avec leur âme, à un certain moment, et souvent. Plusieurs retrouveront le chemin grâce aux expériences, s'ils permettent que cela se produise.

Et ceux d'entre nous qui sont *vraiment* disposés à écouter s'envoleront de plus en plus haut.

Nous apprenons ainsi à voler de mieux en mieux.

Leçon 97

JE POURSUIS MES BUTS

Le sens de la vie est de trouver votre don.
Le but de la vie est de le partager.
PABLO PICASSO

Il pourrait vous falloir du temps pour comprendre et ressentir votre but (ce que vous êtes censé[e] *être* sur cette planète), mais chacun en a un. Ce n'est pas grave si vous n'avez pas encore découvert le vôtre ; cela peut prendre du temps.

J'utilise le verbe « être » au lieu de « faire » parce que je crois que ce que nous « faisons » est multiple et variable ; il s'agit simplement des actes que nous posons pour réaliser ce que notre âme désire : notre *but*. Par exemple, ce n'est le but de personne de devenir avocat, mais ce peut être le but de quelqu'un d'aider à dévoiler les injustices.

Ultimement, nous sommes ici pour découvrir notre moi véritable, ouvert et bienveillant, mais chacune de nos âmes a aussi un don exclusif à offrir.

Il se peut que vous ayez toujours connu votre don et que vous ayez maintenu le contact avec lui : formidable ! Ou vous pourriez encore être en train d'assembler les pièces du casse-tête et d'apprendre en cours de route. Je fais assurément partie du second groupe.

Rétrospectivement, je constate que « partager des expériences » est un don remontant à un jeune âge ; être ouverte et franche était (et est encore) mon penchant naturel. J'ai toujours cherché à me comprendre et à comprendre les autres, à observer notre façon de survivre. Ma thèse universitaire portait d'ailleurs sur l'isolement humain et ses effets sur le comportement, et ce, bien que je fusse étudiante en littérature, et non en psychologie.

L'écriture est devenue l'« acte » permettant de réaliser mon but. J'ai écrit une brochure sur l'art de « survivre à l'université ». Après mon départ, j'ai tâté un peu du journalisme, mais je n'ai jamais réussi à y faire carrière ; j'ignorais pourquoi. Maintenant, je sais que même si l'écriture est le média qui me tient à cœur, le chemin du journalisme et du reportage traditionnels n'a pas provoqué l'envol de mon âme.

Ce n'était pas le don que *j'avais* à offrir.

Des années plus tard, j'ai partagé mes expériences de la maternité dans un blogue intitulé *Surviving motherhood* (survivre à la maternité), et j'ai écrit deux livres par la suite, très naturellement et instinctivement.

Mon être (*partager ce qui nous permet de survivre*) et mes actes (*écrire ces expériences*) ont été unis à dessein. Il m'a fallu 37 ans pour le découvrir.

La séparation m'a montré que mon but est resté solide. Elle m'a incitée à le poursuivre dans l'acte même de rédiger ce livre, un livre que j'avais dit ne jamais vouloir écrire lorsque mon amie m'avait dit que je le ferais.

Mais j'ai éprouvé l'immense désir de comprendre comment j'avais « survécu » à la séparation. Et de partager mes découvertes avec vous.

Parce que j'y ai trouvé tellement de bon.

Je ne pouvais pas gaspiller ce don.

Leçon 98

JE VIS MA VIE SANS BUT

Fais n'importe quoi, mais tires-en de la joie.

HENRY MILLER, *Tropique du Cancer*

Nous passons tellement de temps à créer, à justifier et à accomplir avec un objectif en tête que nous oublions la simple joie de faire quelque chose sans but précis.

Simplement parce que nous le voulons.

Simplement pour le plaisir.

Simplement pour nous-mêmes.

La séparation m'a fourni le luxe de pouvoir passer du temps sans but, une fois de plus, comme lorsque j'étais enfant. Les enfants vivent instinctivement leur vie sans but, jusqu'à ce que nous les éloignions de leur penchant, bien trop tôt et complètement.

Passer du temps sans but est extraordinaire. C'est libérateur. C'est une simple gâterie. Vous pourriez facilement *vous* l'accorder.

Faites quelque chose pour aucune autre raison que celle de rehausser votre vibration. Parce que ce n'est pas tout ce que vous touchez qui doit mener quelque part, et cela n'a pas à toucher quelqu'un d'autre pour avoir de la valeur. Peignez un tableau que personne d'autre ne verra. Jouez d'un instrument que personne d'autre n'entendra. Rédigez un journal que personne d'autre ne lira. Ayez des moments qui n'ont d'autre lien que *ce moment* et *vous*.

Sans résultat final.

Supprimez les objectifs. Supprimez la pression. Supprimez les obligations.

Recouvrez votre instinct de vivre sans but, à certains moments. Parce qu'il est encore là, en vous.

Vous aurez la surprise de découvrir la vérité qui émerge lorsque vous vous perdez dans le plaisir.

Et vous ne la recherchiez même pas.

Leçon 99

JE TIENS À MON INTIMITÉ

Voyage et ne le dis à personne. Vis une vraie histoire d'amour et ne le dis à personne. Vis heureux et ne le dis à personne. Les gens ruinent les belles choses.

KHALIL GIBRAN

Dans un monde où il est possible de *tout* partager, instantanément, les limites de l'intimité ne sont plus *floues*, mais *complètement effacées*.

Dans la recherche de vérité et de sens, nous ne devons pas confondre l'intimité et les faux-semblants.

Nous pouvons continuer d'être francs, vrais et bienveillants, sans avoir à tout partager ni même à partager *quoi que ce soit*.

Même si j'ai partagé des expériences très personnelles sur la maternité, l'anxiété, la dépression post-partum et des aspects de ma séparation, il y a beaucoup de choses que j'ai gardées pour moi.

Le fait de ne pas partager toutes les pensées qui m'effleurent l'esprit, toutes les décisions que j'ai prises, toutes les erreurs que j'ai regrettées, toutes les relations que j'ai entretenues, est une grande leçon que m'a donnée la séparation. En fait, cela a commencé avec la séparation, lorsque j'ai décidé *avec qui* je voulais partager cela et à *quel moment* (voir la leçon 10).

J'apprécie beaucoup cela parce que, quand nous partageons, nous lançons naturellement une invitation aux commentaires, aux opinions et, souvent, aux jugements.

Mais certaines choses n'appartiennent qu'à moi.

Et certaines choses n'appartiennent qu'à vous.

Préservez leur beauté.

Leçon 100

JE LAISSE LES AUTRES PRENDRE SOIN DE MOI

Individuellement, nous sommes une goutte.
Ensemble, nous sommes un océan.
RYŪNOSUKE SATORO

Il n'est pas facile de laisser les autres prendre soin de nous quand nous avons pris soin de nous-mêmes pendant si longtemps.

La séparation est un état stimulant pour toutes les raisons que nous avons abordées ici. Vous avez évolué sur les plans de l'affirmation et de la motivation. Vous avez pris conscience du fait que vous êtes exceptionnel(le). Vous avez appris à vous exprimer en harmonie avec vous-même. Et vous êtes fier (fière) de votre indépendance et de votre capacité à vous débrouiller et à vous épanouir. Vous pourriez vouloir ne *jamais* abandonner cela.

Et vous n'avez pas à le faire.

Laisser les autres prendre soin de vous n'est pas *essentiel* (vous n'en avez pas *besoin* parce que vous savez que vous pouvez prendre soin de vous-même. Et vous le faites très bien, j'espère). Laisser les autres prendre soin de vous est *agréable* : j'ai adoré les moments où l'on m'a apporté un café, où l'on m'a cuisiné un repas, où l'on m'a aidée à prendre une décision.

On oublie à quel point c'est agréable quand on est tellement habitué de faire cavalier seul. Permettre aux autres de s'occuper de vous, de faire des choses pour vous, d'assumer certaines de vos responsabilités, c'est comme pousser un grand soupir de soulagement, alors que vous n'aviez même pas conscience de retenir votre souffle.

Quand on prend soin de vous, cela vous donne un répit. Cela vous valorise, autant que cela valorise la personne qui prend soin de vous.

Vous faites un travail formidable, mais c'est aussi très bien de laisser les autres vous aider de la façon dont vous (ou eux) le voulez.

Vous méritez de recevoir cela, de temps à autre.

Tout le monde le mérite.

Leçon 101

JE LAISSE LES AUTRES EXPRIMER LEUR POINT DE VUE

Il est difficile d'exprimer la souffrance intérieure,
et nous le faisons tous de manière imparfaite.
Ce qui peut sembler de la colère et de la frustration
chez les autres est souvent le mieux qu'ils peuvent faire.

DEEPAK CHOPRA, *La Blessure invisible*

Combien d'entre nous tiennent compte du point de vue d'autrui avant d'exprimer le leur ? Pas beaucoup, je crois.

Ce n'est assurément pas naturel chez moi, alors c'est quelque chose que j'essaie de faire, consciemment. Je n'y arrive pas toujours.

Et j'admets tout à fait que je vois mon ex-mari selon *mon* point de vue, *mes* expériences et *mes* penchants.

Cela signifie, grosso modo, que je le comprends mal. Souvent. Je suis certaine qu'il ne me comprend pas toujours, lui non plus.

Laisser les autres exprimer leur point de vue n'est pas la même chose que vérifier ce qu'est ce dernier. À moins qu'ils ne désirent le partager avec nous, nous ne pouvons en avoir aucune idée ; nous ne pouvons que supposer.

Il s'agit simplement de reconnaître qu'ils ont un point de vue et que celui-ci peut être différent du nôtre. Parce que nos expériences, nos penchants et notre interprétation de ceux-ci ne sont probablement pas les mêmes.

En quoi cela peut-il vous aider lorsque vous vivez une séparation ? C'est que cela atténue les conflits. Cela vous empêche de penser que votre point de vue est le seul valable. Cela vous empêche de vous inventer des histoires (voir la leçon 28). Et cela vous permet d'éprouver de la compassion à l'égard de votre ex-conjoint(e), plutôt que de la colère, du ressentiment ou de la déception ; c'est issu de l'amour, ce qui, ultimement, assurera *votre* paix.

Nous nous comportons tous différemment, et notre façon de gérer une situation difficile n'est pas nécessairement celle qu'adoptera une autre personne.

Laissez-les exprimer leur point de vue.

Laissez-*les* s'exprimer.

Leçon 102

JE VOIS LES CHOSES DANS LA SPLENDEUR DE LEURS COULEURS

Vos pensées, vos paroles et vos actes ajoutent de la couleur au monde.

JEWEL DIAMOND TAYLOR

Dans mon brillant avenir, il n'y a pas de bien ni de mal. Il n'y a pas de blanc ni de noir. Il n'y a qu'un éventail de couleurs tellement vaste et ouvert à l'interprétation qu'il est impossible de les définir toutes.

Et qui voudrait le faire ?

Parmi ces couleurs, nous trouvons toutes les expériences exceptionnelles que nous avons vécues : chaque pensée, chaque opinion, chaque moment de bonheur et de tristesse.

Notre arc-en-ciel personnel.

Cet éventail coloré représente l'ouverture d'esprit. Car s'il n'existe pas de bien ni de mal, que reste-t-il d'autre que l'ouverture d'esprit et la réceptivité, sans jugement ?

Aucun scénario n'a besoin d'être compris au point d'être résolu. Il se résout de lui-même, maintenant, avec ou sans notre apport bienveillant, et que nous le croyions ou non.

Et il n'y a pas deux scénarios qui se résoudront de la même manière, peu importe à quel point ils se ressemblent. La personne dont le (la) conjoint(e) a été infidèle, par exemple, n'en viendra pas à la même résolution qu'une autre personne dans une situation semblable.

Il n'y a pas de bien ni de mal.

Il y a tant de strates colorées et intrinsèques que nous échouerons si nous décidons d'appliquer les règles d'un manuel ou une approche éprouvée à tout ce que nous vivons.

La séparation a été *mon* arc-en-ciel : l'arc-en-ciel réfléchit, réfracte et disperse la lumière, et la séparation en fait autant.

Et cela m'a aidée à voir *toutes* les splendides couleurs qui m'entourent.

On trouve tellement de compréhension et d'acceptation dans la fusion de ces palettes. Et aussi, tellement d'amour.

Établissez le contact avec *votre* arc-en-ciel.

Leçon 103

JE FAIS DES COMPROMIS SANS ME SACRIFIER

Quand vous dites oui aux autres, assurez-vous
que vous ne dites pas non à vous-même.
PAULO COELHO

Devrions-nous *vraiment* faire des compromis ?

Oui et non.

Oui, si le compromis ne vous plonge pas dans la disharmonie. Non, si le compromis mène à se sacrifier.

Tout rôle qui nous paraît exiger des sacrifices (mère, aidant, travailleur, conjoint) crée une sensation de fardeau et de ressentiment. C'est que, une fois que nous avons perçu qu'il nous faut *renoncer* à quelque chose, nous devons faire en sorte que nos efforts en vaillent la peine. Pour compenser. Et qui peut s'épanouir dans une relation qui oscille dans un pendule si inévitablement décevant et paralysant, entre la responsabilité et la culpabilité ? Ni le donneur *ni* le destinataire.

Lorsque j'ai fait des compromis avec mon ex-mari *à l'encontre* de mon instinct et de mes désirs (en disharmonie), cela s'est soldé par un conflit. Parce que j'avais donné de façon non authentique, et cela avait créé en moi l'attente d'une compensation pour mon *sacrifice*. Voyant que mon ex-mari ne réagissait pas selon mes attentes (gratitude, réciprocité, reconnaissance), je me suis fâchée contre moi-même et contre lui. J'apprends doucement à ne pas faire cela, et j'apprends qu'il est essentiel de tenir compte de moi, car il est sain d'établir des limites.

Ainsi, la séparation nous enseigne la manière de faire des compromis : nous apprenons à nous faire passer en premier, non de façon obstructive, mais en nous occupant de *nous*, tout en nous occupant de quelqu'un d'autre. Nous faisons alors des compromis avec lesquels nous nous sentons *à l'aise* et authentiques. Mon amie, qui a une relation très saine avec son mari, dit qu'elle n'a jamais *vraiment* plié sans avoir une petite pensée pour elle-même : elle veut dire par là qu'elle ne fait pas vraiment de compromis à moins de sentir que c'est aussi à son avantage. Je pense que les femmes, en particulier, cèdent souvent sans tenir compte d'elles-mêmes.

Faire des compromis en harmonie avec ses propres désirs, ainsi qu'avec ceux de quelqu'un d'autre, c'est la seule façon de faire. Ce n'est qu'ainsi qu'on peut établir la paix. Pour soi. Et pour l'autre personne.

Sinon, nous devons appeler cela par son *véritable* nom : un sacrifice.

Leçon 104

JE VAIS CONTINUER À APPRENDRE LA LEÇON

Certaines choses ne s'enseignent pas ; elles doivent être vécues.

ROY T. BENNETT, *The Light in the Heart*

Il y a toujours une partie de nous qui ne croit pas *vraiment* que nous continuons d'apprendre.

Parfois, nous croyons *savoir*, parce que nous avons atteint un point de lucidité, d'illumination ou de pure joie, où nous comprenons tout, momentanément. Puis, l'univers nous tape sur l'épaule en disant : « Accroche-toi ; j'ai encore quelque chose à te montrer. »

La leçon qui suit est souvent pénible, douloureuse et étonnante, parce que *nous avions cru être déjà parvenus à ce point*. Quelle déception de constater que ce n'est pas le cas !

C'est ce qui s'est produit le jour dont j'ai parlé à la leçon 52 : la conduite de mon ex-mari à mon égard (immédiatement après la conversation la plus ouverte que nous ayons eue depuis des années) en a été d'autant plus difficile pour moi.

J'ai été déçue de *lui* plus que jamais. J'ai été déçue de *moi* parce que je m'étais laissée aller à espérer. J'ai été déçue de *nous* parce que nous étions encore si loin d'être sur la même longueur d'onde. Mais pour qu'une séparation soit vraiment réussie, du travail doit être accompli des deux côtés, et nous ne pouvons pas compter sur l'autre pour amorcer ce processus et pouvoir considérer que nos efforts ont porté leurs fruits.

Donc, je n'aurais jamais dû m'attendre à ce qu'il se comporte d'une certaine façon, ni chercher à être en harmonie avec *lui*. Ce désir de respect, de compassion et de grâce ne peut tirer son origine qu'en moi. Rien qu'en moi. Toujours moi.

Ce fut la leçon de ce jour-là. Encore. Et il n'en tient qu'à moi de la *retenir* ou de continuer à travailler et à l'apprendre.

D'une manière ou d'une autre, nous avons la responsabilité envers nous-mêmes de savoir et de comprendre que dans la séparation (et dans la vie en général), il ne s'agit pas d'atteindre la conclusion selon laquelle tout a du sens ni d'être à l'aise avec la certitude. Il s'agit plutôt d'être assez ouverts pour admettre que nous *ne savons pas* tout, d'être disposés à apprendre en temps utile et d'avoir confiance en la leçon ultime, même si nous ignorons totalement ce que ce sera.

Parce que, que nous le croyions ou non, nous apprenons *toujours*.

Leçon 105

JE RÉFLÉCHIS AUX MOMENTS HEUREUX

Parce qu'elle ne dure pas, ne tombons pas dans le piège du cynisme en l'appelant « illusion ». La durée n'est pas un test « vrai ou faux ».

ANNE MORROW LINDBERGH, *Solitude face à la mer*

Nous avons tous vécu des moments heureux dans nos relations. Totalement. Ces moments existent encore, même si la relation est rompue.

Nous pouvons encore songer à ces moments avec tendresse. À chacun de ces moments. Ils ne sont pas « souillés » par la fin de cette histoire d'amour.

Ce moment *s'est produit*. Vous étiez là. Votre ex-conjoint(e) était là. Ensemble. Ce moment ne peut pas être inexistant.

Nous avons une culture obsédée par la permanence. Nous voulons que chacun des moments de joie dure toujours. Que chaque moment d'amour pur dure toujours.

Mais aucun moment ne le peut.

Et c'est peut-être notre incapacité à accepter cela qui nous mène à passer d'une relation à une autre, en quête d'une joie et d'un amour infinis.

Depuis quatre ans, je me permets de réfléchir aux moments heureux que j'ai partagés avec mon ex-mari. Sans regrets, ni tristesse, ni de « et si... », mais avec amour, amusement ou étonnement, selon le souvenir que j'ai à l'esprit. Parfois, j'en fais part à mes enfants ; ils aiment entendre parler des moments où nous avons été heureux. Il est bon pour eux de savoir que nous l'avons déjà été, ensemble.

Parce que nous avons vécu beaucoup de moments heureux que je ne désire pas effacer (ou qui n'ont pas besoin de l'être). Et quand je me rappelle ces moments, cela me permet de trouver l'état d'amour à partir duquel je dois considérer mon ex-mari.

Il m'a déjà donné quelque chose. Je lui ai déjà donné quelque chose.

Et ces moments de pure joie et d'amour existeront à jamais.

Parce qu'ils ne peuvent pas être inexistants.

Et je ne voudrais pas qu'ils le soient.

Leçon 106

JE TIRE LE MEILLEUR PARTI DES OCCASIONS

Tout est une occasion d'évoluer ou un obstacle qui nous empêche d'évoluer. Il faut choisir.

WAYNE DYER

Nous avons déjà établi que la séparation *est* une occasion.

C'est un renouveau. Le renouveau de la manière dont vous menez votre vie. Un renouveau de ce à quoi votre avenir ressemblera. Un renouveau de *vous-même*.

À mesure que nous franchissons les premières étapes de la découverte de soi pour passer à la conscience et à un mode de vie plus en harmonie, nous sommes en mesure de constater que c'est en *nous* que réside l'occasion.

Car non seulement je tire le meilleur parti des nouvelles occasions, mais parfois même, j'en crée.

Par exemple, j'ai décidé d'avoir un chien. Un jour, en faisant mon jogging, j'ai croisé un golden retriever. J'ai toujours aimé cette race de chien, et j'ai eu un croisé quand j'étais petite. J'ai établi un lien avec ce golden retriever et, une fois rendue à la maison, je savais que nous allions en avoir un. À la fin de la même soirée, j'avais pris mes dispositions pour aller voir une portée de cette race le week-end suivant, à 145 km de chez moi. Les chiots étaient prêts à partir le vendredi ; j'avais rendez-vous le samedi. Tout est tombé en place le plus facilement du monde.

Il y avait, bien sûr, de nombreuses raisons pour ne pas avoir de chien, si j'avais décidé de me concentrer là-dessus. Mais tout ce que je voyais, c'était la nouvelle occasion qui se présentait à moi. Lorsque les autres m'ont mise en garde en disant que je devais apporter de grands changements à ma vie, que c'était tout un engagement d'avoir un chien et que cela représentait beaucoup de travail (c'est pire que d'avoir un nouveau-né !), je ne les ai pas entendus. (En fait, nous faisons souvent les mêmes mises en garde à celles qui veulent devenir mères : pas étonnant que de si nombreuses femmes entreprennent leur grossesse dans la peur.)

Or, je n'avais aucune crainte ; la perspective d'un changement et d'une autre occasion d'évolution (pour moi et pour mes enfants) a été source d'excitation. Je savais qu'il y avait une raison à l'arrivée de ce chien parce que c'était si soudain et si instinctif. Alors, j'y ai cru. L'intuition l'emporte sur l'analyse ; il y a maintenant des études qui le prouvent.

Sans vouloir être indélicate, ce que les autres pensaient ne m'importait plus. Je suivais leur raisonnement et je le comprenais, mais je ne le *ressentais* pas. Il ne s'agissait pas de *mes* raisons ni de *mon* expérience.

Cela n'a pas marché avec le chiot. Au bout de deux mois, il est devenu évident que la dynamique ne fonctionnait pas, ni pour nous ni pour le chien. C'est alors qu'un ami, qui avait toujours cru que sa charge de travail l'empêchait d'avoir un chien, a décidé de l'adopter. Il s'est établi un lien solide entre eux, et mon ami a trouvé une façon de faire réussir leur cohabitation. Je n'ai ressenti ni honte ni culpabilité d'avoir donné le chien. Je me suis plutôt vue comme l'intermédiaire dans leur relation, ce qui avait été mon rôle, tout ce temps.

Et cette confiance est apparue du fait que j'étais séparée. Du fait de mieux me connaître. De mieux connaître mes capacités. De savoir que, *dans la vie, tout s'arrange toujours*, quels que soient les résultats.

Alors, dorénavant, il y a *seulement* des occasions qui s'offrent à moi.

Et je veux permettre à chacune d'elles de se présenter.

Leçon 107

JE TROUVE UNE FAÇON DE CÉLÉBRER LES « PREMIÈRES »

Lorsque la chenille pensa que tout était fini, elle devint papillon.

PROVERBE

L'année qui suit la séparation est semée d'étapes que vous ne voudrez probablement pas célébrer : la première fois que vous sortez sans votre conjoint(e) ; le jour de votre anniversaire de naissance ; les congés familiaux, les fêtes ou toute autre date importante dans votre calendrier qui évoque des souvenirs et vous fait vous rappeler où vous étiez « à cette époque, l'an dernier ». (Nous en verrons davantage sur la création de souvenirs dans la prochaine leçon.)

Concentrons-nous plutôt, ici, sur ces *autres* « premières ».

La première fois que vous réussissez à partir sans votre conjoint(e). La première fois que vous devez décider de la façon de vous débarrasser de l'arbre de Noël. La célébration de votre anniversaire d'une autre manière, que *vous* avez choisie. Mon 40e anniversaire a été le plus beau de tous, parce que je savais qu'il n'en tenait qu'à moi de l'organiser, et c'est ce que j'ai fait. C'était exactement comme je l'avais voulu ; je n'ai pas passé mon temps à attendre que quelqu'un d'autre arrive avec tout ce qu'il faut et être déçue ensuite si cela n'arrivait pas (parce que les autres *n'ont jamais pu* lire dans les pensées).

Il y a *beaucoup* à célébrer, quand on commence à chercher. Chaque journée présente une cause de *vous* célébrer d'une manière ou d'une autre ; ces premières n'arrêtent pas de se suivre, si importantes ou banales qu'elles soient, et elles s'ajoutent à votre tableau.

Et si la seule chose que vous trouvez à célébrer est d'avoir survécu à une « première » journée difficile, comme un anniversaire, alors soulignez-le et remarquez votre force et votre détermination à aller de l'avant, à partir d'un état d'amour.

À défaut de cela, rappelez-vous les meilleures choses à propos des premières : elles n'arrivent qu'une fois. Et je crois que cela devient de plus en plus facile. Ou bien, vous apprenez à les gérer parce que, comme dans toute chose, c'est en forgeant qu'on devient forgeron.

Et vous savez que vous allez en ressortir du côté ensoleillé, dans une lumière plus vive, une fois de plus.

Parce que vous le faites toujours.

Leçon 108

JE ME CRÉE DE NOUVEAUX SOUVENIRS ET DE NOUVELLES TRADITIONS

La nouveauté a une beauté évanescente.

HEINRICH HEINE

Après une séparation, il faut apprendre à redéfinir toutes les dates mémorables, les congés annuels et les sorties avec lesquels le calendrier semble vouloir nous tourmenter.

Nous devons les considérer du point de vue de notre nouvelle situation.

Nous devons apprendre à nous créer de nouveaux souvenirs, de nouvelles traditions.

Nous ne pouvons pas vivre dans le passé et dans ce qui a déjà été.

Mon premier Noël en tant que femme séparée et mère seule n'a pas été très difficile parce que je l'ai passé avec mon ex-mari ; alors, même si nous ne vivions plus ensemble, en couple marié, la façon de célébrer Noël en famille a peu changé.

L'année suivante, ce fut autre chose. Mon ex-mari est venu chercher les enfants le lendemain de Noël avec sa nouvelle conjointe, et même si j'avais prévu des choses à faire chez moi, c'est devenu une journée tellement étrange pour moi que j'ai fini par la passer toute seule, dans une sorte de paralysie. J'ai été soulagée quand les fêtes ont été finies.

Cette année-là m'a enseigné que je ne pouvais pas avoir un Noël « normal » sans mes enfants. Je devais établir de nouvelles traditions, qu'il s'agisse de voyager, de manger avec des amis ou de sortir en ville. À la limite, la nouvelle tradition importait peu ; ce qui comptait, c'est que je ne faisais pas ce que j'avais l'*habitude* de faire : un repas en famille, à la maison. L'absence de mes enfants était trop douloureuse.

Vous pourriez ressentir quelque chose de semblable, que vous ayez ou non des enfants ; l'absence de votre *conjoint(e)* est trop douloureuse.

Le troisième Noël s'est passé plus facilement. Mes enfants sont allés chez leur père le lendemain de Noël, pour y passer trois jours. Ils ne m'ont pas manqué parce que nous avions passé un merveilleux Noël ensemble et qu'ils étaient heureux. J'ai plutôt apprécié le temps à moi dont j'ai pu profiter dans les jours qui ont suivi.

Il est important d'établir de *nouvelles* traditions. J'en ai instauré certaines afin de redéfinir Noël pour nous tous, d'en conserver la magie et de donner à mes enfants quelque chose à se rappeler lorsqu'ils seront plus vieux. J'ai décoré leurs chambres de lumières et de boules de Noël pendant qu'ils étaient à l'école et à la garderie. Je leur ai préparé des boîtes de petits cadeaux pour la veille de Noël. Nous avons décoré notre sapin ensemble.

À la fête des Mères, j'ai oublié les fleurs, le petit déjeuner au lit, le repas au restaurant et les petits soins, tous les clichés que les médias sociaux et le mercantilisme disaient que je *devais* recevoir de la part du père de mes enfants parce qu'ils étaient encore trop petits pour s'en charger. Je suis plutôt allée offrir des fleurs et une carte de vœux à ma mère, puis j'ai passé la journée sur le canapé à regarder des films avec *mes* enfants, et nous avons commandé une bonne pizza. Je pense que ce fut notre plus belle fête des Mères.

Nous devons apprendre à nous créer de nouveaux souvenirs et de nouvelles traditions.

Nous ne pouvons pas vivre dans le passé, dans ce qui a déjà été.

Les nouvelles traditions fournissent l'occasion de revoir les plus anciennes, celles qui, sans qu'on l'ait remarqué, ne nous servent plus très bien. Et cela apporte beaucoup plus de souplesse face à l'évolution et à la création de nouvelles traditions. Il n'y a pas d'attachement : si elles ne conviennent pas, on aura tout le loisir d'en trouver d'autres.

Rappelez-vous comme il est facile d'idéaliser ce qui a déjà été et combien l'esprit excelle à créer des pensées et de fausses réalités fondées sur ce que nous désirons à ce moment (voir la leçon 30).

Ne vous laissez pas aller à ces pensées parce que cela ne vous aidera jamais. Donnez-vous toujours toutes les chances et distrayez-vous (au diable la lessive !). Ne recréez jamais le même scénario. Faites quelque chose de différent. Établissez un nouveau scénario à propos *d'autre chose.*

Peu importe ce que c'est. Tant qu'il ne s'agit pas de vous asseoir à boire du vin en écoutant de tristes chansons d'amour à la radio. Ne faites pas *ça*.

Parce que ce que je peux vous promettre, c'est qu'expérimenter de nouvelles traditions, que vous conserverez ou non, sera l'un des bienfaits les plus libérateurs et les plus dynamisants de la séparation.

L'avenir devient soudain une aventure.

Et les souvenirs que vous vous créerez seront spectaculaires.

Leçon 109

JE CRÉE TOUJOURS EN COLLABORATION

La notion d'être seul dans l'univers n'existe pas ; la notion de créer seul n'existe donc pas. Tout est une cocréation.

GARY ZUKAV, balado *Super Soul*

J'en suis venue à la conclusion que nous ne faisons rien *seuls*, même si nous avons l'impression d'*être* seuls.

Il n'existe pas de création dans l'isolement. Nous sommes enveloppés de la courtepointe de nos expériences, de notre environnement, de nos énergies, de nos vibrations et de nos contacts. Dans cette vie, nous créons toujours en collaboration.

Après avoir écrit *The New Mum's Notebook*, j'ai dit que j'avais l'impression que le livre s'était écrit lui-même. J'ai encore cette impression. Mon amie est d'accord : comment aurais-je pu l'écrire seule, sans les instructions de l'univers, alors que je vivais l'éclatement de mon mariage, à l'époque ? Et il y a des parties de ce livre que j'*ignorais* ou que je ne comprenais pas avant de m'être assise pour les écrire. J'ai commencé dans l'ordre chronologique, puis j'en suis sortie rapidement pour écrire sur le contenu vers lequel j'étais attirée ce jour-là. Tant de fois, j'ai trouvé que le chapitre que j'avais choisi au hasard s'insérait parfaitement entre le précédent et le suivant.

Puis, il y a eu le jour où j'ai déplacé les meubles de ma chambre (voir la leçon 71). Je n'avais pas l'intention de défaire la symétrie, mais c'est exactement ce qui est arrivé. Et je ne peux pas oublier le chaton que mes enfants avaient attendu pendant six semaines et qui s'est enfui (en compagnie de l'éleveur) le jour où nous devions aller le chercher. Plusieurs heures plus tard, nous sommes revenus avec un tout autre chaton, déjà baptisé Cosmo (oui, vraiment), qui s'est si bien intégré dans notre famille qu'il avait dû nous être destiné dès le départ. Toutes ces créations ont été faites en collaboration avec l'univers. Parce que les coïncidences et les accidents n'existent pas.

J'accepte donc les surprises que me réserve ma courtepointe. Je ne remettrai jamais en question les carrés de celle-ci qui composent ma situation, mes relations, mon travail et mes activités quotidiennes. Je vais plutôt être reconnaissante du confort qu'elle me procure et je ferai confiance à son poids.

Car je ne fais rien toute seule.

Leçon 110

JE CROIS QUE JE PEUX (ET QUE JE VAIS) Y ARRIVER

C'est votre histoire. Laissez-la se dérouler.

SHERYL SANDBERG

Durant mon enfance, je me rappelle avoir eu l'impression de *savoir*, sensation que je ne comprenais pas vraiment.

Je crois.

En grandissant, j'ai sporadiquement perdu le contact avec cette sensation, habituellement quand les choses n'allaient pas comme je l'aurais voulu ou planifié (et c'est là ma méprise, parce que je sais maintenant que *les choses s'arrangent toujours dans la vie*, quels que soient les résultats).

Je ne me rappelle pas le moment exact où j'ai acquis la conviction du degré de permanence de mes propres capacités que j'ai généralement aujourd'hui. Je sais que c'est arrivé graduellement, après ma séparation. Une situation que j'avais crue non souhaitable est devenue tout le contraire ; si je pouvais croire que *je passerais au travers*, je pouvais certainement croire que *je passerais à travers* n'importe quoi.

Je le peux.

Au cours de cette période, j'ai passé une soirée avec deux amies, et nous avons brossé un tableau de ce que nous voulions que soit notre vie (ce qui m'a révélé des choses étonnantes à mon sujet). À un autre moment, une amie m'a prise sous son aile et m'a montré ce qui peut arriver lorsqu'on décide de croire et de lâcher prise (merci, Sarah !).

Il y a la connaissance tirée de chaque expérience, défi et plaisir que j'ai vécus depuis la fin de mon mariage.

Et c'est généralement ainsi que je vis maintenant. Chaque jour, je *décide* de croire. *Toujours.* Dans tout ce qui m'entoure. En moi. En mes capacités et en mon authenticité. Dans les liens qui m'unissent à ma famille, à mes amis, à mes connaissances et aux étrangers. Dans ma situation. Même quand la situation semble bloquée ou pénible, j'ai décidé de croire à *tout* cela.

Je vais y arriver.

Nous le pouvons tous. Et nous méritons de croire en nos propres capacités et en notre authenticité. Parce que, quand nous le faisons, nous pouvons créer non seulement tout ce que nous désirons, mais aussi la connaissance des capacités chez les autres, car notre vibration rayonne et les aide à décider de croire en eux-mêmes, peut-être pour la première fois.

Quel plus beau cadeau pouvons-nous faire ? D'après mon expérience personnelle de destinataire, je peux vous le dire : aucun.

Alors, mettez fin aux questions.

Décidez de croire.

Parce que, *quoi qu'il* se présente sur votre chemin, *croyez* que vous pouvez le faire, et *vous y arriverez*.

Regardez où cela vous a mené(e) jusqu'à maintenant.

Où irez-vous ensuite ?

Leçon 111

JE CHOISIS CETTE VIE, AUJOURD'HUI, COMME ELLE EST

Quel que soit ce que le moment présent contient, acceptez-le comme si vous l'aviez choisi. Allez toujours dans son sens, pas contre lui. Cela transformera miraculeusement toute votre vie.

ECKHART TOLLE, *Le Pouvoir du moment présent*

La dernière leçon sur la route de ma séparation (jusqu'à maintenant) est de me laisser aller à la merveilleuse simplicité et à la pureté de l'acceptation.

Je me donne moi-même à *aujourd'hui*. Je promets de remarquer *aujourd'hui*. Je choisis *aujourd'hui*, quelle que soit la forme que prend cette journée, l'endroit où je me trouve et l'état dans lequel je suis.

Sans conditions. Sans exceptions. Sans marchandage.

Aujourd'hui, tel qu'il est.

Que ce soit inspirant ou pénible ; que ce soit comme se faire porter par la vague ou comme nager à contre-courant ; avec ou sans but.

Parce que, à ce jour, chaque expérience de ma vie (particulièrement celles que j'ai vécues depuis ma séparation) m'a démontré que j'étais destinée à être *ici*. Mon histoire est *celle-ci*, et chacun de ses chapitres est écrit par moi. Que j'en aie eu conscience ou non à l'époque, j'en ai bien conscience aujourd'hui.

Et j'ai une totale confiance en moi, en qui je suis aujourd'hui, en ce que je vais « écrire » ensuite et en la personne que je vais continuer de devenir.

Je ne rêve plus d'être différente. Je ne rêve plus d'avoir pris d'autres décisions. Je ne rêve plus que ma vie soit différente de ce qu'elle est *maintenant*.

Les meilleures histoires ne nous laissent jamais entrevoir ce qui s'en vient. Elles nous font continuer de deviner et de nous poser des questions. La fin arrive comme une surprise totale. Sauf que, dans notre histoire, nous savons qu'il n'y a pas de fin.

Alors, continuez de vous étonner de *votre* histoire. Parce que s'étonner, c'est ne pas savoir, et cette incertitude est ce qui vous fera continuer d'écrire, ce qui vous fera vous sentir *vivant(e)* et ce qui vous rappellera que vous êtes *toujours* l'auteur(trice).

Continuez de l'écrire. De la vivre. De l'aimer.

Et permettez à votre âme de prendre son envol.

Je vous reverrai, bien au-dessus de ces nuages.

Et au-delà.

AUTRES RESSOURCES

Blogue d'Amy Ransom

Surviving motherhood (www.amyransom.com)

Livres

Brown, Brené. *Daring Greatly*, Penguin Life, 2015.

Chopra, Deepak. *La Blessure invisible*, Éditions Du Rocher, 2002.

Coelho, Paulo. *L'Alchimiste*, Anne Carrière, 1994.

Dalaï-lama, et Desmond Tutu, *Le Livre de la joie*, Flammarion, 2002.

Hicks, Esther, et Jerry Hicks. *La Loi de l'attraction*, Guy Trédaniel Éditeur, 2008.

Lindbergh, Anne Morrow. *Solitude face à la mer*, Anne Carrière, 2001.

Murakami, Haruki. *Autoportrait de l'auteur en coureur de fond*, 10-18, 2011.

Tolle, Eckhart. *Le Pouvoir du moment présent*, Ariane, 2008.

Wallman, James. *Time and How to Spend It*, W. H. Allen, 2019.

Williamson, Marianne. *A Return to Love*, Harper Thorsons, 2015.

Zukav, Gary. *Spiritual Partnership*, Rider, 2010.

Balados

Unlocking Us, Brené Brown

Super Soul Conversations, Oprah Winfrey

The Hay House World Summit

REMERCIEMENTS

À Michelle, à Jo et à tous ceux de chez Hay House qui ont cru instinctivement en ce livre et qui lui ont permis de prendre son envol dans l'univers : merci ! Je n'ai pas cessé de me pincer depuis ce jour de décembre où je suis entrée dans vos bureaux et où nous avons eu notre extraordinaire première rencontre.

À Emily, Julie et Stephanie, qui ont révisé ce livre avec tant de chaleur, d'intuition et d'encouragements, et qui ont contribué à produire une si belle couverture. Vous avez tellement bien compris ce livre !

À mon agente, Julia, ma « jumelle vibratoire ». C'est tellement agréable de travailler avec toi, et ta foi en moi me dynamise.

À ma chère amie Sarah, toi qui m'as « révélée » à moi-même, même si j'ignorais de quoi tu parlais, à l'époque. Dans ta cuisine, à Brockley, tu m'avais dit que j'écrirais ce livre, le jour où je me suis présentée à ta porte, en larmes. Je me rappelle avoir pensé : « Je ne voudrai jamais écrire à ce sujet. » Tant de tes paroles tirées de nos échanges de messageries ont trouvé leur place dans ce livre. Je suis certaine que tu les reconnaîtras. Merci d'être ma partenaire spirituelle, qui m'a aidée à prendre mon envol et à vivre ma vie en harmonie. Tu es extraordinaire.

Aux courageuses et gracieuses Donna et Claudia, deux amies que la séparation m'a données. Vous m'avez montré qu'il n'existe pas de situations dans lesquelles une personne ne peut pas prendre son envol. Vous devriez être fières de vous-mêmes, tous les jours.

À tous les leaders éclairés qui m'ont aidée sur ma route, chaque jour. Particulièrement Oprah, qui m'a présenté tellement de gens au moyen de son balado *Super Soul*, lequel m'accompagne dans bien des parcours de jogging.

À mes parents et à ma sœur : je vis ma vie avec tant de confiance parce que vous êtes toujours là, dans les coulisses. Merci de votre soutien indéfectible.

À mon ex-mari, pour nos trois merveilleux enfants et pour tous les apprentissages en coparentage. Notre parcours n'est pas toujours sans fautes, mais nous persévérons.

À mes enfants, Eva, Ivy et Joseph : merci d'avoir accepté avec amour, courage et vigueur une décision que vous n'aviez pas prise. Je suis constamment inspirée par la personne que vous êtes, chacun d'entre vous.

Et enfin, à vous qui vivez une séparation et un amour perdu. J'espère que ce livre vous aidera dans votre parcours personnel qui doit vous ramener à *vous*.

Il n'y a pas de meilleur endroit.

Avec amour,

Amy x

TABLE DES MATIÈRES

DEUXIÈME PARTIE : LA MOTIVATION

TROISIÈME PARTIE : LA CONNAISSANCE

CINQUIÈME PARTIE : LE CARACTÈRE UNIQUE

SIXIÈME PARTIE : L'INDÉPENDANCE

SEPTIÈME PARTIE : L'ÉVEIL

HUITIÈME PARTIE : UN NOUVEAU DÉPART

À PROPOS DE L'AUTRICE

Amy Ransom est autrice et mère de trois enfants. Elle a commencé sa carrière d'écrivaine à l'âge de 36 ans, lorsqu'elle a créé un blogue intitulé *Surviving motherhood*, dans lequel elle faisait part d'anecdotes et des connaissances accumulées dans l'éducation de ses enfants de deux et quatre ans. Puis elle a publié un livre, *The New Mum's Notebook*, journal visant à protéger la santé mentale des nouvelles mamans.

En 2016, Amy s'est séparée de son mari après neuf années de mariage ; elle était mère de trois jeunes enfants. Elle soutient que la séparation a été son expérience la plus positive jusqu'à présent.

Amy s'est toujours intéressée à l'univers, à la pensée originale et à l'obtention de ses propres résultats. Elle croit que notre parcours, même s'il nous appartient toujours, est plus éclairant lorsque nous voyageons ensemble, et que nous méritons tous le soutien et l'assurance de pouvoir effectuer ce parcours dans la joie. C'est le message derrière tout ce qu'elle écrit, particulièrement dans ce livre.

Amy a été interviewée dans de nombreuses émissions de radio et de télé, notamment *Steve Wright in the Afternoon*, sur BBC Radio 2, *Woman's Hour*, sur BBC Radio 4, *This Morning*, BBC News, Sky News et Channel 5.

@amyransomwrites
survivingmotherhooduk
www.amyransom.com

Suivez-nous sur le Web
et les réseaux sociaux !

EDITIONS-HOMME.COM
EDITIONS-PETITHOMME.COM
EDITIONS-JOUR.COM
EDITIONS-LAGRIFFE.COM
RECTOVERSO-EDITEUR.COM
QUEBEC-LIVRES.COM
EDITIONS-LASEMAINE.COM

Cet ouvrage a été achevé d'imprimer
sur les presses de Marquis Imprimeur inc.